AF342883

A. ROBIDA
LES
VIEILLES VILLES
D'ESPAGNE
BURGOS
TOLEDE
SEVILLE
MURCIE
CORDOUE
GRENADE
ILLUSTRÉ
DU
125 DESSINS
Par A. ROBIDA
MAURICE DREYFOUS, Éditeur, 13, rue du Faubourg-Monmartre, PARIS.

LES

VIEILLES VILLES

D'ESPAGNE

A. ROBIDA

LES

VIEILLES VILLES

D'ESPAGNE

NOTES ET SOUVENIRS

OUVRAGE ILLUSTRÉ DE 125 DESSINS A LA PLUME

PAR

A. ROBIDA

REPRODUITS EN FAC-SIMILE

PARIS

MAURICE DREYFOUS, ÉDITEUR

13, RUE DU FAUBOURG-MONTMARTRE, 13

1880

Entrée de Fontarabie.

LES VIEILLES VILLES

D'ESPAGNE

CHAPITRE PREMIER

Une phrase offensive et défensive. — Fontarabie la Vaillante. — Sièges et bombardements successifs. — Carcasses d'édifices.

« emos venido á España con el objeto de escribir un libro de las costumbres Españolas, y si vemos pulgas, mi compañero, que es pintor, hara el retrato de ellas

1

y lo pondremos en el volúmen con el nombre de la posada ! »

C'est de l'espagnol. Nous sommes deux, *l'un* ne sachant de toute la langue du Cid que cette seule phrase, qu'un ami de *tra los montes* lui a fait apprendre par cœur pour la jeter à la tête des aubergistes, et *l'autre* fier de ses dix-neuf leçons du castillan le plus pur, prises spécialement en vue de s'éviter tous les chagrins et accidents dormitifs ou culinaires dans les hôtelleries, qui passent — ô calomnie — pour n'abreuver que de cela les pauvres voyageurs.

Voici la traduction de la phrase :

« Nous sommes venus en Espagne avec l'intention d'écrire un livre, et, si nous voyons la moindre puce, mon compagnon, qui est peintre, fera son portrait pour le mettre dans le volume avec le nom de l'hôtel! »

Armés de la sorte, nous comptons bien parcourir sans douleur la Péninsule d'un bout à l'autre, et nous nous dirigeons vers la Bidassoa avec sérénité.

De Bayonne à Irun, on a bien vite oublié les paysages maussades des Landes que l'on vient de traverser ; par échappées la splendide nappe de l'Océan, éblouissante au large, verte et frangée d'écume sur les bords, se montre entre des collines mouvementées. — Voici Bidart, une petite crique avec sept ou huit maisons, des bateaux à sec sur la plage, des falaises, des brisants sur lesquels déferlent les vagues en longues lignes régulières. Voici, de crique en crique, le pittoresque Saint-Jean de Luz, et la station frontière Hendaye, d'où l'on a le temps d'apercevoir en face, de l'autre côté d'une petite baie à l'embouchure de la Bidassoa, la petite ville de Fontarabie, bien campée sur son rocher, au pied de hautes collines vertes que l'on pourrait très bien qualifier de montagnes.

La Bidassoa est passée, — pas à la nage, comme le fit la Tour d'Auvergne, car il fait très froid. De plus il pleut à aveugler des balcines. Quoique tout semble indiquer que nous sommes en Suède, nous ouvrons deux immenses parasols blancs et nous traitons la pluie comme si elle était le soleil en personne. Les doublures déteignent, le blanc du parasol se zèbre de raies bleues, petit à petit le bleu envahit toute la serge blanche, mais peu nous importe: *Hemos venido á España*, et non ailleurs. Si l'Espagne n'a pas de soleil, nous sommes trop polis pour avoir l'air de nous en apercevoir, et, pour nous consoler, nous contemplons, en gare d'Irun, les premiers gendarmes espagnols, nos inséparables amis pour tout le reste du voyage, en ce moment embusqués dans le collet de leurs manteaux, et les premiers miquelets, volontaires basques, coiffés de bérets rouges.

Que faire à Irun à moins d'aller en excursion ailleurs? C'est le parti que nous nous empressons de prendre malgré les magnifiques ondées peu espagnoles dont le ciel a le tort de nous gratifier avec acharnement.

Sous les seaux d'eau versés par la munificence céleste, nous partons pour Fontarabie, — énorme tas de ruines entouré de vieilles murailles noires comme du charbon de terre, accroché à la porte de l'Espagne, comme une antique armure rouillée et bosselée qui servirait d'enseigne à la boutique d'un marchand de curiosités.

Après une porte superbe flanquée de tours éventrées, la grande rue, la calle Mayor nous apparaît toute bleue et rayée par la pluie ; de grands palacios décorés d'armoiries, mais absolument ruinés, sans toits ni plafonds, alternent avec de petites maisons blanchies à la chaux pourvues de larges balcons à tous les étages. Les toits avancent et sans façon épanchent de jolis filets d'eau, qu'en Suisse on qualifierait de cascades, sur nos tristes parasols, depuis longtemps regardés avec mépris par les populations aux fenêtres.

A part quelques vieux fumant la pipe sous la loggia de la Casa consistoriale, autrement dit la mairie, on n'aperçoit de la population que des femmes qui traversent la rue en courant, pieds nus et jupons relevés à mi-jambes, avec un énorme panier ou une cruche monstrueuse en équilibre sur la tête.

Dès Fontarabie, la discussion se met parmi les voyageurs.

En gare d'Irun.

Tous deux sont affamés, mais la faim de *l'un* est double ; outre qu'il est affamé de nourriture, il l'est aussi de couleur locale, il en demande à toute heure et à tous les repas. Déjà au buffet d'Irun le jambon cuit au sucre et la moutarde à la crème l'ont rempli d'une douce joie ; l'architecture féroce et dévastée de Fontarabie lui semble comporter de toute nécessité, pour être complètement savourée, des repas extraordinaires.

L'autre a des goûts plus modérés. De là conflit, il refuse énergiquement d'entrer dans une posada, de bonne apparence pourtant, parce qu'à travers les vitres, les yeux sont tombés sur une guitare accrochée au mur.

Cependant, cette posada étant la seule de Fontarabie, il doit

se résoudre à y pénétrer pour se repaître, mais ce n'est qu'a-
près avoir constaté que la guitare de Méduse était veuve de

Maisons de la calle Mayor.

toutes ses cordes, et avoir, pour plus de sûreté, obtenu l'assu-
rance formelle que la cuisinière ne savait pas en jouer.

Cette petite ville de Fontarabie est tout simplement une merveille, un morceau beaucoup plus espagnol romantique que
bien des pays plus centraux ; c'est le type de ces petites cités

fières et batailleuses de l'Espagne d'autrefois, préservée de toute transformation par une ruine à peu près complète.

Si tous ses habitants n'étaient pas nobles, il s'en fallait de peu, car il y a, pour une si petite quantité de maisons, bien des palais et bien de grands hôtels écussonnés. Outre les palacios de la calle Mayor, on rencontre, dans les quelques autres rues, de hautes façades ornées de gigantesques écussons ou même de simples maisons décorées d'armoiries plus modestes. Tous nobles ou à peu près. Aujourd'hui de tous ces palacios, berceaux de familles disparues ou éparpillées, il ne reste que de sombres carcasses vides, squelettes gigantesques éventrés par les bombes, écaillés par les balles, noircis par le feu.

Plus de toits au-dessus des corniches sculptées, plus de fenêtres, mais des trous bleus en haut, des trous noirs en bas ; des étages rompus, des écroulements de planchers, seuls les gros murs restent debout avec un air de défi majestueux. Plusieurs bombardements successifs ont fait cette besogne que le temps est venu revêtir d'un superbe vernis.

Au pied de l'église un de ces palacios est encore un tant soit peu habité. Les ruines de la grande porte permettent d'entrer, sans trop d'indiscrétion, dans un large vestibule au fond duquel se trouvent d'autres ruines, ruines de grandes pièces et ruines d'escalier. Il est encore superbe cet escalier qui commence et qui ne finit pas ; le bas possède encore ses larges marches, sa rampe et ses jolis balustres, mais un peu plus haut les brèches commencent, les balustres ont péri, les marches pendent et enfin la grosse charpente reste seule perçant à travers des planchers criblés de trous.

Quel superbe décor de théâtre que l'intérieur de cette ruine ! il semble que dans ces écroulements viennent d'avoir lieu la plus féroce des tueries et la mise à sac la plus farouche. Une famille a élu domicile dans quelques pièces moins maltraitées, et il nous semble bien avoir aperçu dans le noir des ruines des ombres de mulets au ratelier.

Les propriétaires de ces malheureuses demeures savaient quels sièges la ville avait jadis soutenus, et sans doute ils avaient le pressentiment des bombardements auxquels elle était encore destinée, car les gigantesques blasons qui décorent les murailles, blasons surchargés déjà au possible, sont tous soutenus par des canons ou des mortiers accompagnés d'un amoncellement de mousquets, de piques, de hallebardes, de tambours et de trompettes.

Les quelques rues formant toute la ville sont entourées sur trois faces par une ceinture de murailles absolument ruinées. L'entrée par la route d'Irun est défendue par la moitié d'une énorme tour éventrée; le reste est dans le fossé, écroulé sous les herbes avec tout un coin des remparts. Après cette grande brèche qui permet d'entrevoir quelques façades de maisons blanches, un long morceau de remparts est resté debout, envahi par les herbes à côté de la brèche, et ensuite noir comme les tas de charbon de terre accumulés dans les gares. A l'angle, une autre tour éventrée fait pendant à celle de la porte — celle-ci a dû périr victime d'une explosion, la muraille qui lui manque gît tout d'une pièce dans le fossé.

Toutes ces tours et ces murailles sont d'un noir pur à rendre jaloux les monuments de Londres, mais d'un côté seulement, probablement celui que fouette ordinairement la pluie, tandis que de l'autre côté les pierres ont une teinte cuite et rosée beaucoup plus gaie. L'église aussi est rose et noire comme le reste.

L'amas de ruines se continue sur la face de la ville

La maison aux mousses vertes.

placée du côté de l'Espagne et, après avoir tourné vers la mer, il vient rejoindre le Castillo, la ruine la plus colossale, assise au sommet de la colline dominant la petite baie formée à l'embouchure de la Bidassoa.

De ce pauvre Castillo, la forme est bien difficile à deviner

Fontarabie. — La calle Mayor.

sous le triple manteau de verdure qui le couvre de la première
à la dernière pierre ; il a l'air d'une charmille gigantesque légèrement abîmée et affaissée, aux brèches que les lierres n'ont
pu boucher.

Aujourd'hui le Castillo est en fleurs, des parterres verticaux
de fleurs jaunes, rouges et violettes, s'épanouissent au milieu
d'une végétation folle qui passe à travers de grandes fenêtres carrées ou ogivales, dentelées par les boulets, et se répand dans
l'intérieur de la ruine.

Un petit chemin en zigzag descend sous les pans de murs
croulants dans la partie basse de Fontarabie, faubourg moderne
habité par les pêcheurs. En le suivant et en rentrant en ville
après un tour sur la plage, nous nous trouvons devant l'autre
façade du vieux château, façade qui n'est pas réduite à l'état d'é-
cumoire, comme l'autre, mais beaucoup moins gaie. Cette partie
du château, massive et féroce à force de sévérité, s'appelle le
château de Jeanne la Folle et date du seizième siècle. L'autre
côté est beaucoup plus ancien, ce sont les derniers débris du
château d'un roi de Navarre du dixième siècle.

Fontarabie a soutenu tant de sièges, tant d'orages de bombes
et de boulets ont crevé sur ce pauvre rocher, que, si l'on peut
s'étonner d'une chose, c'est de voir encore la ville debout ou
à peu près. Louis XI, François Ier, Richelieu, Napoléon se sont
heurtés à ses murailles, sans parler des carlistes de 1837. Les
ruines, pour la plus grande partie, sont dues au siège de 1638,
siège terrible qui se termina mal pour les Français, mais pendant lequel les canons du prince de Condé écrasèrent sous une
avalanche de boulets les tours et les palais de la ville. A la

levée de ce siège désastreux, deux mille Français se noyèrent dans la Bidassoa, devant ce fier rocher, criblé et dévasté.

En 1794, il suffit des 300 soldats de la colonne infernale, commandés par le futur général Lamarque et par Latour d'Au-

Petite maison et palacio ruiné.

vergne, pour emporter la place après une vive défense dirigée par deux capucins.

On voit que, si Fontarabie est morte, ce n'est toujours pas de vieillesse, la pauvre ville invalide demeure couverte de cicatrices

Fontarabie. — L'église et le Castillo.

sur cicatrices ! Une vieille inscription aux trois quarts effacée, placée au-dessus de la porte d'entrée, l'appelle *Ciudad muy leal, muy noble y muy valorosa*. Ce dernier titre a été conquis par les femmes. Comme celles de Beauvais, les femmes de Fontarabie la Vaillante ont jadis bellement défendu leurs remparts dans un siège de deux mois ; leurs descendantes peuvent bien courir avec de pleins paniers sur la tête, leurs mères leur ont transmis un sang chaud et héroïque.

La calle Mayor en plein soleil a toujours le même sombre aspect, quoique rayée de loin en loin par un coup de soleil passant par une fenêtre vide et venant frapper quelque façade blanchie à la chaux. Sous la pluie de ce matin, les grands balcons de ses maisons et leurs toits couvrant la moitié de la rue, faisaient vaguement penser à la Suisse; mais au grand soleil l'Espagne reparaît, les fenêtres couvertes de grandes toiles voltigeantes n'ont plus rien d'alpestre, surtout quand elles sont ornées de brunes señoras et de grappes d'enfants peu habillés.

Chacune de ces maisons vaudrait la peine d'être peinte, chacune a une physionomie particulière, un toit à chevrons sculptés qui ne ressemble pas à celui de sa voisine, des balcons d'une forme spéciale ; à côté d'une maison patricienne, massive, noire et dévastée, s'élève une petite maison blanchie à la chaux, aux poutres saillantes et aux balcons élégants. Chaque étage avance sur l'autre soutenu par de petites poutrelles sculptées, à l'angle une petite fenêtre mirador regarde sur deux rues.

Un peu plus loin voici une maison de briques peintes en bleu de ciel, puis une maison jaune avec des balcons en forme de chaire à prêcher à ses fenêtres. Au milieu de la rue se trouve la Casa consistoriale ou mairie, pourvue d'un large porche sous lequel des vieux à bérets fument philosophiquement de courtes pipes noires, en compagnie d'un grouillement de petits Fontarabiens également à bérets qui jouent dans leurs jambes.

La rue est animée, des femmes lestes et robustes grimpent pieds nus, toujours avec des cruches et des paniers sur la tête, ce qui semble décidément constituer la coiffure féminine, comme le béret constitue celle des hommes.

Près de la porte, en arrière de la grande rue, il reste à citer un très vieil édifice percé de rares fenêtres en ogives et flanqué d'un escalier extérieur en pierre. C'est une belle aquarelle mélancolique rouillée, verdie et si moussue de sa première pierre à la dernière, que l'édifice tout entier paraît être en velours, velours vert de toutes les nuances, sombre au pied, vert d'eau sur l'immense écusson d'angle soutenu par deux figures Renaissance, aux traits empâtés par la mousse, et vert-jaune en haut, où poussent les mêmes fleurs qu'au Castillo. Quelques poules picorent au pied de cette étonnante maison verte, en compagnie de quelques jeunes cochons se vautrant dans les tas d'ordures sous l'œil d'une truie à l'aspect héroïque.

Au sommet du rocher de Fontarabie, à côté du Castillo, s'élève une église d'un beau caractère, moitié gothique, moitié Renaissance. Le clocher fait un admirable fond à la grande rue, il est terminé par une petite coupole surmontée d'une lanterne et garnie de boules semblables aux grenades enflammées de nos gibernes, ornements particuliers à la région.

Vitoria. — Capilla de la Vírgen Blanca.

C'est notre première église espagnole ; aujourd'hui dimanche,
nous la voyons au moment de la messe. Il n'y a guère que des
femmes, toutes avec un voile noir drapé en mantille, enveloppant le dos et la tête, et presque toutes sont assises par terre, à
côté de leur prie-Dieu ; devant la plupart de ces ombres noires
brillent des petits cierges queue de rat, en cire d'un jaune vif,
roulés en spirale et posés par terre. Dans les bas-côtés, ornés
de grands monuments peints et sculptés, des rangées de petites
filles à mantille, assises aussi sur leurs talons, se font des
signes ou causent tout bas.

En sortant, nous tournons autour de l'église et gagnons une
sorte de terrasse d'où l'on domine la mer, les sables de la plage,
les barques de pêcheurs et la petite ville française d'Hendaye.
Les vagues de la mer nous attirent, et nous voulons apercevoir
la silhouette générale de Fontarabie assise sur sa colline, nous
descendons à travers les dernières pierres restant de ce côté
des anciennes fortifications et nous sommes bientôt sur le sable
où la pluie nous rejoint.

Nul abri, l'Océan derrière nous et l'Océan sur nos têtes. Heureusement un douanier réfugié dans sa guérite nous donne
quelques centimètres d'hospitalité et pousse même l'obligeance
jusqu'à nous offrir de partager sa gamelle pleine de *garbanzos* ou
pois chiches cuits à l'eau.

Après l'ondée, le soleil. Le paysage reprend sa gaieté, les
pentes vertes de la colline sont plus fraîches et plus brillantes,
la pluie les a parsemées d'émeraudes et enrichies de mille diamants étincelants ; les montagnes sur la gauche émergent du
brouillard humide et une longue traînée de lumière s'étend au

loin sur la mer, immensité déserte, sans un bateau, sans la moindre voile de pêcheur, animée seulement par quelques vagues qui bruissent avec une douceur perfide autour d'une proie, un pauvre petit navire naufragé dont les mâts sortent de l'eau à quelque distance des sables de la plage.

De ce côté Fontarabie encore a beaucoup de caractère, la colline est bien couronnée par l'église dont les murs sombres et puissants abritent un petit presbytère très clair et très blanc, et par les ruines pittoresques du Castillo.

Désireux de gagner Irun par un chemin nouveau, nous repénétrons dans les ruelles aux maisons sans toits ni fenêtres, pour chercher une issue moins connue, mais comment la découvrir? Nous errons à l'aventure, nous voyons dans les ruelles transversales bien des carcasses de maisons sans plus de toits ou de fenêtres que partout ailleurs, nous remarquons de temps en temps des sortes de moucharabiehs à la façon arabe, des cages de bois ou de fer avançant sur la rue de toute la largeur du bâtiment, d'un effet tout particulier..... Enfin, voici une éclaircie dans le mur d'enceinte. Nous avançons, mais ce n'est pas une porte, c'est un trou, un gigantesque trou ; un morceau de mur est tombé laissant une oubliette énorme à fleur de terre.

Nous nous acharnons ; les gamins qui rôdent par là ne parviennent pas à traduire nos signes en basque, même en se mettant à plusieurs, quand, par bonheur, un large cri retentit dans l'espace : Peaux de lapin ! peaux de lapin !

C'est un compatriote qui passe, un négociant international. Nous le trouvons charmant, et il nous apprend que nous n'avons pas d'autre chemin à prendre que celui de la calle Mayor.

Une population mystérieuse.

CHAPITRE DEUXIÈME

VITORIA

Les conspirateurs de la Plaza Mayor. — Vieux palacios. — La capilla de la Vírgen Blanca. — Vitriers et marchands de cercueils.

Ce n'est pas sans chagrin qu'il faut s'arracher à Fontarabie, si attrayant malgré son ciel pluvieux, pour prendre à Irun le train à destination de Vitoria.

Le pays traversé par le chemin de fer est, dès la sortie d'Irun, d'un mouvementé charmant ; la ligne s'enfonce au milieu de montagnes respectables et voit défiler devant elle des séries de petits tableaux variés, des bouts de villages, des fermes sur les hauteurs, des stations brûlées par les Carlistes, des moulins à eau placés en travers de quelque ruisseau ou torrent descendant des montagnes, de gros bourgs aux vieilles maisons noires, serrées autour d'une église encore plus sombre.

Le chemin de fer longe la baie de Pasages et s'arrête par bonheur au bon endroit, pour nous permettre cinq minutes d'admiration. Cette baie est une sorte de lac resserré entre des montagnes boisées et des rochers qui laissent à peine un étroit chenal entre eux ; les maisons de la ville sont éparpillées dans la verdure autour de cette immense coquille, port naturel absolument sûr, dans lequel se balancent des voiliers, des vapeurs et des bateaux pêcheurs.

Après quelques kilomètres vient Saint-Sébastien, le Trouville de l'Espagne, ville de bains de mer dominée par une citadelle au sommet d'un grand rocher. Les paysages presque helvétiques continuent ; nous apercevons Hernani, bourg industriel arborant, en dépit de son nom, des fumées d'usine pour tout panache, puis vient Tolosa, la capitale de la dernière insurrection carliste, et à la nuit tombante nous arrivons en gare de Vitoria.

Toute la vérité, rien que la vérité ! Que l'Espagne se méfie, Vitoria est un charmant pays, mais c'est un foyer de conspirations effroyables.

A peine débarqués dans la grande rue, l'aspect étrange de la population nous saute aux yeux tout de suite : Vitoria n'a pas d'habitants, mais bien des ombres d'habitants, mystérieusement enveloppées de manteaux.

Dans les grandes rues comme dans les petites, partout des manteaux ambulants et rien que des manteaux.

Enfermés depuis les bottes jusqu'aux oreilles dans les manteaux

les plus amples et les plus sombres, coiffés de chapeaux analogues, — tous bolivars authentiques, — les douze mille habitants
de Vitoria vont, viennent, circulent, paraissent et disparaissent
sous les arcades, avec les allures des plus parfaits sbires du
conseil des Dix qu'il soit possible de rêver.

Dans le jour cette circulation d'ombres est déjà bien farouche,
mais, le soir venu tout à fait, voilà que ces mystérieux manteaux,
plus sombres que jamais, se mettent à tourner en rond avec
obstination et gravité sous les becs de gaz de la Plaza Mayor;
et ce jusqu'à une heure assez avancée. On parle bas, bien bas ;
seul dans une rue adjacente, un alguazil armé d'une pique et
d'une lanterne jette dans le silence de la nuit des glapissements
inconnus; c'est le sereno, le gardien de nuit, qui crie les heures
aux manteaux et aux maisons.

Alors, un à un, deux par deux ou trois par trois, nos conspirateurs, car ce sont évidemment des conspirateurs, se dirigent
vers une sombre bâtisse, ornement d'une sombre place. En-
traînés dans le mouvement, nous les suivons, ils s'engouffrent
sous une porte, nous nous engouffrons derrière eux.

Mais sans doute l'absence de manteaux nous avait signalés
aux gardiens de cet antre, car un changement extraordinaire
nous attendait dans l'intérieur. Nos conspirateurs avaient retiré
leurs manteaux et, refoulant au fond de leurs poitrines les pas-
sions subversives qui les animaient tout à l'heure, ils faisaient
semblant d'assister à la représentation d'une zarzuela, opéra
comique patriarcal et bénin, que d'autres conspirateurs faisaient semblant de jouer.

Ces conspirateurs sont très forts, leur salle de théâtre est bien imitée. La salle est à peu près disposée comme un salon, avec une allée au milieu pour la circulation ; aux étages, rien que des galeries au fond desquelles des rangées de portes ouvrent sur des loges où l'on se retire pendant les entr'actes.

Vitoria. — Calle de la Cuchilleria.

Loges et balcons, garnis de charmantes dames affiliées à la société secrète, faisaient semblant de s'intéresser aux faits et gestes d'un pêcheur nommé Rodolfo, porteur d'un poignard et amoureux de la fille d'un seigneur comte très imposant.

Comme le pescador Rodolfo n'en finissait pas de plonger son poignard dans la poitrine de son rival, nous jugeâmes prudent

Vitoria. — Cour du palais Abendaña.

d'abandonner la conspiration pour regagner l'abri de notre
fonda.

Le soleil du matin nous montre de nouveau les habitants de
Vitoria, vaquant à leurs affaires, le nez dans leur manteau. A
part ces allures mystérieuses, Vitoria est une ville très vivante
et très moderne d'apparence ; la grande rue de la ville neuve a
l'air d'une immense cage de verre, avec ses maisons ornées du
haut en bas de grands miradors vitrés. Que de vitres ! Les façades
sur les jardins ne sont que de gigantesques vitrages, et les rues
transversales des châssis de cent cinquante mètres de longueur.
Le vitrier doit être florissant ici. Ceci, pour les amateurs d'éty-
mologies sérieuses, doit expliquer le cri des vitriers de notre
patrie, proféré avec une émotion profonde : *O vit'ria !*

Vitoria est peu riche en monuments ou en curiosités. On
cite bien dans la ville neuve, — car Vitoria se divise en ville
haute, ville vieille et ville neuve, — la place Neuve, quadrilatère
de maisons uniformes à arcades, orné d'un hôtel de ville également moderne et ordinaire. C'est la place et le monument
sans caractère aucun que l'on rencontre dans les villes en
progrès ; nous le retrouverons à Valladolid et ailleurs. — Sous
les arcades, toute la ville se promène le soir, quand le temps
ne permet pas d'aller aux promenades plus éventées du Prado ou
de la Florida. C'est alors que l'on s'enferme dans les hermétiques
manteaux qui nous ont étonnés hier et qui donnaient à la place
l'apparence d'un cloître sépulcral arpenté par des personnages
d'Anne Radcliffe.

Tant de fraîcheur et tant de manteaux en plein mois de

juin, et nous sommes en Espagne ! Il faut dire que Vitoria est à plus de 500 mètres d'altitude, ce qui est presque une excuse ; jusqu'à Avila, 1,200 mètres d'altitude, nous ne ferons que monter pour redescendre ensuite vers les plaines brûlantes de Madrid.

Dans les quelques rues de la ville haute, les vieux palais abondent ; de grands écussons surchargés d'ornements couvrent fièrement une petite boutique d'épicerie ou quelque pauvre *estanco* ou bureau de tabac.

Dans un de ces antiques logis aux façades noircies, divisé maintenant en petits logements et en ateliers pour les menuisiers et les tourneurs, nous trouvons une cour superbe à trois étages d'arcades d'une architecture assez fouillée de la Renaissance.

Rien ne tient plus, quelques arcades bouchées menacent ruine, d'autres sont fermées par des briques ou par des planches ; des morceaux de sculpture manquent aux frises, la façade tout entière est rapiécée comme le manteau de don César de Bazan, mais les fleurs et les salades poussent dans la cour, les oiseaux chantent dans des cages suspendues aux pilastres branlants et le linge des familles flotte gaiement sur des ficelles, sous les rayons d'un soleil vraiment espagnol.

Cependant quelques-uns de ces palacios sont encore habités par la vieille noblesse de la province ; nous apercevons un écusson énorme couvert en signe de deuil d'une draperie noire découpée et suivant exactement ses contours.

Au point de jonction de la vieille ville, de la ville haute et de la ville neuve, se trouve une petite place curieuse sur laquelle débouchent les sombres rues aux maisons patriciennes et les rues modernes égayées par les immenses miradors accrochés à toutes les façades.

Le fond de cette place est un véritable tableau qui a déjà servi aux peintres espagnols ; entre de hautes maisons jaunes à balcons de fer et des maisons plus petites à un étage seulement et sans toit, commence un grand escalier conduisant à la chapelle de la Vierge Blanche. Cette chapelle ouvre sur le toit des petites maisons de droite, magasins de librairie et de quincaillerie, que surmonte son grand porche gothique à deux arcades. Le pilier central de ce porche est décoré d'une niche très ornementée, avec une madone entourée de réverbères. A côté de la Capilla de la Vírgen blanca se dresse le clocher de San Miguel, église bâtie sur les murailles de la haute ville.

D'anciens bâtiments d'aspect monacal se prolongent sur la droite jusque vers les *petits arceaux*, arcades situées à la hauteur d'un premier étage.

Autre impression funèbre. Voici la boutique du marchand de cercueils avec sa vitrine garnie de bières pour toutes les tailles et pour toutes les bourses. Nous retrouverons cette boutique peu engageante dans toutes les villes espagnoles ; il n'est rien d'horrible comme le petit cercueil d'enfant couvert d'ornements coquets, posé tranquillement dans la rue sur divers échantillons de malles de voyage, car le marchand de cercueils cumule, il est en même temps layetier-emballeur, et fabrique des malles pour le voyage et pour l'éternité.

A propos de malles, nous avons eu l'occasion d'admirer à la gare de Vitoria la malle politique, la malle profession de foi arborée sur le dos d'un commissionnaire par un voyageur du pays.

C'était une grande malle toute neuve, recouverte de cuivre
brillant sur toutes ses faces et parsemée de gros clous ;
elle portait, en lettres hautes de 10 centimètres, l'inscription
suivante :

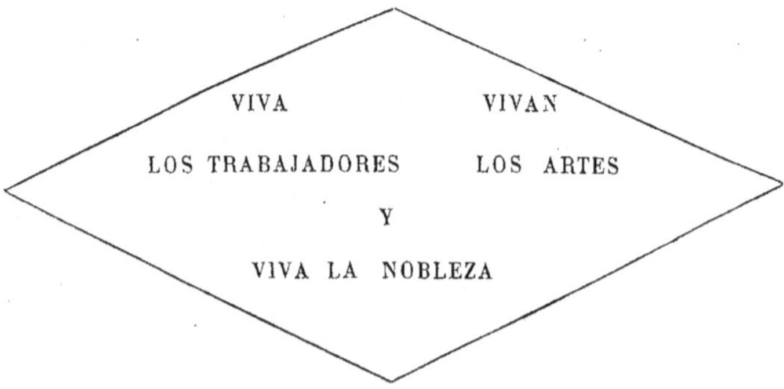

« Vivent les travailleurs. Vivent les arts, vive la noblesse. »

Miquelets.

Quelques mendiants de Burgos.

CHAPITRE TROISIÈME

BURGOS

Les pulgadores de Burgos. — Anes et paysans. — Splendeurs de la cathédrale.
—L'arc Santa Maria. — La cartuja de Miraflorès. — La casa del Cordon.

A la sortie de Vitoria, notre premier regard fut pour les grandes prairies montagneuses où se déroula le dernier épisode de l'occupation française, le désastre de Vitoria, terrible dénoûment du drame de flamme et de sang, dont les principaux actes s'appellent de ces titres flamboyants : défense de Saragosse, deux de Mai, massacre de Badajoz, capitulation de Baylen.

Entre tous les événements de cette journée de Vitoria, nous ne nous souvenions que de l'histoire, lue récemment, d'une

pauvre cantinière enveloppée dans la déroute, et fuyant à travers les marais en traînant péniblement son cheval par la bride
Pressée par l'ennemi, jetée avec sa charrette de fossé en fossé,
elle finit par rester enfoncée dans la vase sans pouvoir se dé-
gager, et les soldats débandés qui battaient en retraite en faisant le coup de feu, serrés de trop près pour la secourir, ne
purent passer eux-mêmes qu'en appuyant quelques planches sur
ses épaules.

Un peu plus loin, autres souvenirs militaires plus récents.
La voie pénètre dans un pays accidenté, couvert de hauts rochers et de futaies, où, dans ces dernières années, les carlistes
bataillèrent longtemps. On nous montre au sommet d'une colline rocailleuse, haute et très escarpée, une tour et des restes
de travaux de défense des carlistes ; cette colline, position
très importante et bien défendue, fut escaladée sous un feu
violent, par une charge de la cavalerie libérale, tour de force
fantastique qui coûta une centaine d'hommes tombés avec leurs
chevaux dans l'escalade et brisés sur les rochers.

La végétation disparaît, le paysage n'offre plus que des pierres
grises et des roches nues. Plus de villages. Un vieux couvent se
rencontre seul au passage, c'est le monastère abandonné de Bu-
gedo, un grand bâtiment forteresse couleur de roche brûlée élevé
sur un terrain absolument pelé que dominent des sommets de
collines en dents de scie. Les portes et les fenêtres sont murées
ou démolies, tout est morne et désert, paysage et couvent, il
n'y a de vivant à perte de vue, qu'un âne broutant les rares
herbes du cloître au pied de la tour.

A l'horizon des fantômes de montagnes apparaissent, der-

Burgos. — Au pied de la Cathédrale.

rière lesquels d'autres fantômes dentelés, couleur aile d'hirondelle, se distinguent plus vagues ; nous approchons de la Sierra de Oño, ou plutôt la Sierra de Oño se rapproche rapidement, resserrant dans un défilé que nous devons traverser, ses énormes rochers aux formes étranges, hérissés, pointus, sans végétation

Burgos. — Porte Santa Maria.

aucune, absolument semblables à deux rangées de canines, crocs et chicots formidables, râteliers gigantesques prêts à tout dévorer.

Dans ce défilé un petit rio torrentueux coule côte à côte avec le chemin de fer jusqu'à la sortie, gardée par Pancorbo, un gros bourg à tournure originale assis sur les derniers chicots de la Sierra, et remarquable par sa porte pittoresque ouverte au bout d'un petit pont jeté sur le ravin. Pancorbo est la porte de la vieille Castille, à partir de là, la ligne va côtoyer continuellement la route de Madrid, toujours sillonnée de mulets et de muletiers.

Enfin voici Burgos ; nous ne serions pas prévenus que, dès la sortie de la gare, nous nous apercevrions bien que nous sommes dans la capitale de la vieille Castille. Jamais plus beaux manteaux n'ont été portés avec une fierté plus castillane, par de plus superbes mendiants ! Ils sont là une douzaine devant la gare, à humilier les pauvres voyageurs par la façon toute royale dont ils se drapent dans leurs capes. Ces mousquetaires dans la détresse sont bien nombreux, tous les coins de rue, le pont, la porte Santa Maria en sont garnis.

Le temps de rouler en omnibus et nous sommes fixés: Burgos n'a pas dégénéré, des mendiants aussi remarquables ne sauraient habiter une ville ordinaire ; aussi avant de parler de la cité qui les abrite, devons-nous payer un juste tribut d'admiration à cette intéressante partie de la population.

Désireux de reconnaître l'hospitalité espagnole en enrichissant le dictionnaire national d'un mot nouveau, dont le besoin se faisait vivement sentir d'ailleurs, nous dédions à . la ville de Burgos, le mot *Pulgadores*, substantif harmonieux et expressif, tiré du radical *Pulgas*, puce.

L'Espagne, il faut le dire, ne mérite plus son antique réputation sous le rapport de la pulgas, cet insecte y est rare ; mais Burgos, capitale de la Vieille Castille, ville héroïque d'où sortirent le Cid Campéador et tant de vaillants conquistadores, Burgos seule cultive encore la Pulgas avec quelque succès.

Le voyageur s'en aperçoit dès son entrée en ville, de tous
côtés surgissent des hommes extraordinaires, drapés dans de
merveilleux manteaux couleur pain d'épice, coiffés de grands

Extérieur de la Chapelle du Connétable.

chapeaux vénérables et défoncés, des hommes enfin qui semblent échappés des fantastiques cours des miracles de Callot.

Les manteaux troués et frangés de la manière la plus artistique sont portés avec une grâce et une désinvolture que rien

ne peut rendre, tantôt élégamment jetés sur l'épaule et découvrant des jambes pittoresques entourées de ficelles, et tantôt remontés par-dessus le nez jusque sous les yeux que protège l'ombre du chapeau, en manière de strict incognito. Ces messieurs sont des Pulgadores, la renommée de Burgos. Leur industrie est la mendicité, il paraît qu'elle n'est plus aussi florissante qu'autrefois, mais enfin ce qu'il en reste suffit encore pour donner une haute idée de la ville à l'étranger.

Ils travaillent toute la journée, dans les rues, sur les ponts, sous les portes, et même aussi le soir dans les rues écartées, mais ce genre d'opérations est un travail d'extra auquel se livrent les moins paresseux ou les plus chargés de famille. Dans ce travail nocturne au lieu de laisser le client se fatiguer à fouiller dans ses poches lui-même, les Pulgadores prennent toute la peine pour eux, ils explorent les poches de leurs propres mains et ne craignent pas de se charger ainsi des vêtements parfois très lourds de leur clientèle.

Les meilleures places de Pulgadores, celles qui doivent s'acheter comme des charges d'agents de change à Paris, sont celles de mendiants de la cathédrale. Cela reste dans les familles et se transmet de père en fils ou de mère en fille ; un jeune homme né dans une famille de Pulgadores de la cathédrale est sûr de son avenir, une fois son éducation terminée, sa place est toute prête. Dans nos temps incertains et tourmentés, cela est très rare et mérite d'être signalé.

Aussi combien ces mendiants assermentés de la cathédrale sont-ils supérieurs à leurs collègues de la rue ! Couchés sous les porches, allongés sur les escaliers, embusqués dans l'ombre des colonnes, on les prendrait pour des statues sculptées avec un art merveilleux par Alonzo Cano ou Berruguete. Il n'y a pas à dire quand on croit avoir découvert le plus loqueteux des loqueteux, il en arrive un autre encore plus magnifiquement grand Coërse, roi des taupins, empereur des truands de la cour des miracles !

En route, un Espagnol nous avait dit non sans orgueil : « Les plus beaux mendiants de l'Espagne sont à Burgos ! »

Il avait bien raison ! Les costumes de ces pulgadores son tellement admirables qu'ils ne sauraient être l'œuvre du hasard et du temps. *L'autre* racontait qu'il avait connu jadis un individu qui s'intitulait *tailleur pour singes* parce qu'il fournissait les quadrumanes, ornement des orgues de Barbarie ; le nombre des tailleurs est tel à Burgos qu'il y a lieu de supposer que plusieurs de ces artistes éminents exercent la profession de *tailleurs pour mendiants*.

S'il avait été possible d'approcher le vieux Mariano, l'un des princes de ces truands, sans se faire dévorer par les insectes de sa suite, on eût probablement constaté que son manteau était signé, car c'est, nous le jurons, une œuvre d'art de premier ordre qui, — placée sous verre bien entendu, — pourrait figurer avec avantage dans un musée.

Trois choses dominent à Burgos, les Pulgadores, la cathédrale et les ânes. La cathédrale nous la verrons; des Pulgadores nous venons de parler sans épuiser notre admiration.

Qu'ils sont donc superbes ! Cependant un scrupule nous revient : nous avons oublié de semer notre description de points d'exclamation bien mérités. Que les personnes qui n'ont pas encore vu Burgos et ses Pulgadores se rassurent; l'institution, bien que sur la pente de la décadence, ne périra pas de sitôt; notre siècle désenchanteur ne les emportera pas, comme tant d'autres belles choses; car nous avons vu les générations nouvelles, les Pulgadores de l'avenir, se préparer par de sérieuses études, à entrer dans la carrière lorsque leurs pères n'y seront plus.

Quant aux sympathiques ânes de Burgos, ils sont aussi nombreux que les Pulgadores. — Et gentils, et sages, et convenables avec les étrangers! Il y en avait partout, sur les places, dans toutes les rues et jusque dans les maisons, les uns grands et maigres, les autres gros et gras, beaucoup de tout petits qui n'en portaient pas moins leur homme et leurs deux sacs de blé. — Il est vrai que leur bonne conduite est récompensée par des distinctions honorifiques dont ils sont très fiers, c'est-à-dire par des pompons et des sonnettes qui les posent considérablement aux yeux des peintres.

Dans certaines rues, les ânes de la campagne et leurs patrons se faisaient fraternellement barbifier côte à côte. L'homme s'était livré au rasoir du peluquero pendant que sur le pas de la porte l'âne passait entre les mains du tondeur, véritable artiste qui dessine avec des réserves de poils, de capricieuses arabesques sur le dos de la bête.

Tous les ânes de Burgos furent charmants pour nous, un seul excepté que nous rencontrâmes vers le soir dans une rue déserte et très étroite; il marcha longtemps devant nous sans consentir jamais à nous laisser passer, ce qui, en notre qualité d'étrangers, nous était bien dû pourtant.

Porte de la Casa del Cordon.

Nous eûmes un instant d'alarme, craignant pour nos poches d'avoir affaire à un âne de grand chemin ; mais nous vîmes à la fin qu'il n'avait aucune mauvaise intention et que c'était seulement la morgue espagnole qui l'empêchait de nous céder le pas.

Cette vieille cité de Burgos possède une imposante entrée. La gare étant hors de la ville dans le faubourg de Véga, on arrive par de belles promenades jusque sur les bords de l'Arlanzon, rivière plus large que connue, coupée de bancs de sable sur lesquels se sont installées de nombreuses blanchisseuses à jupons rouges qu'accompagnent naturellement les soldats également nombreux qui leur font la cour.

Burgos est de l'autre côté ; sur la rive s'étend une suite ininterrompue de maisons peintes de couleurs claires, piquées de toiles blanches aux fenêtres, égayées par de la verdure aux balcons où par des coups de soleil sur les vitres des miradors ; Burgos gai, cela semble étrange, mais la masse sombre de la grande cathédrale gothique s'élevant au-dessus des toits vient donner un peu d'austérité au tableau. La cathédrale comme un colossal hérisson de pierre, dresse des centaines d'aiguilles dans le ciel ; de grosses tours, énormes, massives et pourtant aériennes, s'élancent d'un vigoureux jet au-dessus du portail et du transept, et tout l'immense édifice déchiqueté de mille sculptures se détache en noir sur des collines grises, pelées et surmontées de fortifications qui dominent la ville.

Au bout du vieux pont de l'Arlanzon, l'entrée de la ville est gardée par une porte du plus bel effet ; c'est un arc de triomphe, mais un arc de triomphe pratiqué dans un petit donjon féodal flanqué de tours et coiffé de tourelles à créneaux ; l'ensemble est très ornementé ; au-dessus de la voûte basse et sombre de la porte se dessine une façade triomphale dans le style de la Renaissance, couronnée d'une balustrade et encadrant de ses colonnettes six niches occupées par six belles statues, parmi

Un vieux berger.

lesquelles celles de Fernan Gonzalo, fondateur du comté de Castille, du Cid et de Charles-Quint.

Cette porte, élevée en l'honneur de Charles-Quint, s'appelle l'arco de Santa Maria.

L'après-midi était fortement avancée quand nous passâmes sous la porte Santa Maria ; néanmoins après avoir fait connaissance avec notre hôtellerie, légèrement posadesque et empreinte d'une certaine couleur, nous courûmes aussitôt vers la cathédrale, centre d'opérations des aimables pulgadores.

Il était bien tard, la nuit envahissait déjà l'église, voir devenait

impossible, mais on pouvait deviner. Quelles immensités sombres, quels abîmes de noir ouverts sur les bas-côtés ! Tout était
mystérieux et vague, les hautes colonnes éclairées par endroits
de taches blafardes perdaient leur sommet dans la nuit, les
chapelles étaient des gouffres peuplés de figures imposantes,
couchées ou agenouillées, enfin les hautes grilles de fer du
chœur semblaient barrer un antre formidable au fond duquel
flamboyaient quelques lueurs de vitraux.

Dans le Faubourg.

Les milliers de figures entrevues ou devinées au pied des
colonnes, au fond des chapelles sont des statues priant dans
l'ombre, sauf quelques-unes, mendiants endormis ou dévotes
attardées au pied d'un autel, qui ne troublaient aucunement
le silence absolu et solennel de la nef.

Ce soir-là pour revenir un peu au monde des vivants, nous
nous enfonçâmes dans les petites rues autour de l'église. Nous
étions bien tombés ; derrière la cathédrale commence le faubourg
des gitanos, un quartier peu recommandable, aux rues escar-

pées, aux cahutes de pierres sèches, aux maisons tombant en décrépitude, habitées par une population délicieuse comme pittoresque et laisser-aller, mais assez désagréable à fréquenter le soir.

Ce faubourg délabré nous conduisit à la colline du vieux château, pelée et poussiéreuse, jusqu'au pied de remparts ruinés qui montent en ligne vers la citadelle. Ces vieilles fortifications, coupées de distance en distance par des tours carrées à demi écroulées, ces murailles ébréchées, doivent dater de Fernan Gonzalo et des temps où Burgos, sentinelle avancée des royaumes chrétiens du nord-ouest, soutenait contre les Maures des luttes formidables et voyait se former autour de ses murailles la Castille, territoire de défense couvert de castillos, forteresses ou châteaux qui lui donnèrent son nom.

En bas, à l'extrémité de la ligne de tours, s'ouvre une vieille porte à l'arc purement arabe, premier échantillon de toutes celles que nous devions voir.

Faire un petit croquis de la colline n'était pas facile, les aimables gitanos s'amusant à nous jeter des cailloux. La chose fut plus commode le lendemain quand nous revînmes en plein soleil ; ces messieurs dormaient dans les coins à l'ombre, il n'y avait d'éveillé dans tout le quartier que les femmes et les chiens. Ces femmes, jeunes ou vieilles, également échevelées, assises en rond par terre, causaient d'une manière furibonde, et les chiens vaquaient à leurs occupations ordinaires, qui sont de chercher lamentablement derrière tous les tas de pierres, des os à ronger pour se nourrir autrement qu'en imagination et, entre deux os, d'aboyer après les étrangers non déloquetés. Sur la

colline des ânes broutaient solitairement et l'on n'apercevait
hors des murailles que des muletiers en route ou buvant dans
des posadas peu engageantes avec les mulets à la porte. Et
toujours au loin les cimes de la Sierra, tachées de neige.

La première visite du lendemain fut pour la cathédrale.
Quel écrasement dès les premiers pas dans l'abîme entrevu la
veille ! Immense, stupéfiante, elle surpasse tout ce que l'imagination peut concevoir, c'est l'église d'un autre monde, plus
grand, plus beau, plus fort que le nôtre, une cathédrale bâtie
par des génies pour des géants. Chaque chapelle est une église
du gothique le plus fleuri qui soit au monde, occupée par une
armée de statues debout ou couchées sur des tombeaux ou
dans de grandes niches ourlées d'une dentelle de pierre invraisemblable.

Les splendeurs incomparables de la cathédrale de Burgos,
vues d'ensemble, ne sauraient être décrites, il faudrait les
chanter : tout ce que l'on peut faire, c'est une énumération des
principales beautés, restées dans l'œil et dans la mémoire, des
merveilles amoncelées partout. Les piliers, supportant les
voûtes du dôme, sont gros comme des tours et sculptés aussi
délicatement que des ivoires ; au milieu de la nef principale,
entourée d'une colossale grille de fer et garnie de petites chaires
à prêcher en cuivre suspendues aux colonnes comme des
cassolettes, se trouve le chœur avec sa garniture de stalles de
chanoines, couvertes de sculptures fabuleusement touffues
qui demanderaient à elles seules une journée pour être exami-
nées dans tous leurs détails, sérieux ou fantaisistes, religieux
ou bouffons.

Autour du chœur se déroule une grande passion sculptée par Philippe de Bourgogne, qui travailla longtemps à la cathédrale avec d'autres artistes bourguignons, ainsi qu'on peut le voir surtout dans les chapelles, dont le style rappelle beaucoup l'église de Brou en Bourgogne.

Chaque chapelle est à examiner détail par détail, on va de l'une à l'autre, d'étonnements en étonnements ; il y a la chapelle de Santa Anna, la chapelle de Santiago, la chapelle de San Enrique, les chapelles de la Visitation, de la Présentation, de Santa Técla, etc.; mais il n'en est pas deux qui se ressemblent, dans toutes s'élèvent de merveilleux retables d'autel, des statues, des tombeaux admirables. La capilla de Santa Técla, à gauche de l'entrée, fait exception, c'est encore une merveille, mais une merveille de mauvais goût du dix-huitième siècle, une chapelle rose comme un boudoir, ornée d'un autel tout en or.

Son pendant de l'autre côté est moins aimable, c'est une sombre et petite chapelle dont le principal ornement est au fond d'un autel vitré, un terrible Christ fait d'une peau humaine rembourrée, objet sans doute d'une dévotion particulière, car une foule de fidèles sont en prières à l'entrée.

La plus belle de toutes ces chapelles est la capilla del Condestable, séparée de l'église par une splendide grille de fer ; cette chapelle est du quinzième siècle, elle est occupée par les sépultures de la famille du connétable de Castille, don Pedro Hernandez de Velasco. Au milieu s'élèvent deux tombeaux fouillés et fleuris sur lesquels sont couchées les statues du connétable et de sa femme, dona Mencia de Mendoza ; sur les murailles se déta-

Burgos. — Un jour de marché.

4

chent des blasons gigantesques soutenus par des figures de chevaliers et de dames et s'ouvrent de grandes niches sculptées occupées par d'autres statues couchées.

Des chants résonnaient au fond de la cathédrale dans une chapelle obscure, pleine d'une foule confuse où l'œil distinguait à peine les hommes d'avec les statues. C'était un enterrement. Rien de plus dramatique : tout en haut la rosace, bouchée par une grande draperie rouge, donne une touche de lumière sanglante, auprès de laquelle les lueurs des cierges semblent des étincelles blafardes ; dans le fond s'étendent des obscurités fourmillantes de sculptures.

L'assistance est à genoux sur les dalles, tout le monde tenant un gros cierge à poignée. De loin en loin, de l'ombre des colonnes, surgit une main qui demande l'aumône avec la rigidité de la pierre.

En quittant la cathédrale, fatigués, harassés par une admiration continue, voici encore qu'une autre série de merveilles nous sollicite. Il faut du courage pour tout remettre à d'autres visites, et nous nous arrachons à la contemplation d'un splendide escalier à rampe sculptée, sur laquelle s'allongent des chimères crochues.

Et nous n'avons pas vu le Cofre del Cid. Fatal oubli ; c'est dans la salle du Chapitre, à côté des tombeaux illustres, que se conserve pieusement la fameuse malle du héros ; qui sait si ce n'est point de là que vient la tradition par laquelle les emballeurs fabriquent tous des cercueils. La légende rapporte que le Cid manquant d'argent entassa des pierres et de la ferraille dans cette caisse et dans plusieurs autres, et, les disant pleines de son argenterie, les donna en gage contre une forte somme à des juifs beaucoup plus confiants que nos modernes monts-de-piété. En dépit de la vénération, que chacun doit professer pour le grand capitaine, il nous sembla que ce procédé, que les gens du onzième siècle pouvaient appeler une bonne farce, serait dans notre siècle, qui a perdu la notion du respect, tout autrement qualifié, et que c'est au greffe du tribunal de commerce et non dans des cathédrales, que de nos jours on recueillerait ce fameux coffre.

L'extérieur de la cathédrale est aussi remarquable que l'intérieur en est imposant. Cette merveille de Burgos n'est heureusement pas isolée comme nos pauvres églises trop restaurées, qui bien grattées, bien nettoyées, semblent servies sur un plateau pour la plus grande joie des municipalités éprises de la ligne droite, et qui perdent tant à n'avoir plus la ceinture de bicoques accroupies à leur ombre.

La cathédrale de Burgos est dans une situation très accidentée, enfermée dans un fouillis désordonné de maisons qu'elle domine de toute sa taille majestueuse. Sur une petite place à mi-côte s'ouvre le grand portail flanqué de deux tours robustes ressemblant assez à celles de Notre-Dame de Paris, mais plus ouvragées et surmontées de pyramides tout à fait à jour, découpées de rosaces légères ouvertes les unes au-dessus des autres.

Plus loin, au centre des bras de la croix formée par l'église, s'élève une tour un peu plus basse, non couronnée d'un clocher pyramidal, mais couverte de sculptures, percée de fenêtres d'un style plus fleuri et terminée par une galerie de fines aiguilles.

Sur le côté droit, les maisons se pressent et s'accrochent à la cathédrale elle-même; il y a toute une rue formée de petites boutiques adossées à l'église et ouvertes chacune dans un très large arc ogival.

Un grand escalier, donnant sur cette rue, monte entre les maisons au portail de la Pellegria. C'est un tableau tout fait, très pittoresque et très coloré avec des premiers plans à la

Les vieux murs de Burgos.

Callot, car sur toutes les marches de l'escalier sont étagés, formant la haie, des groupes de mendiants à manteaux fantastiques ; quand on monte à l'église par ce chemin, on a l'air d'un général qui passe une revue, — d'une armée en bien mauvaise tenue, il est vrai.

La chapelle du connétable, si belle et si fleurie à l'intérieur, est d'un grand caractère aussi au dehors. Les murailles sont couvertes de sculptures : petites fenêtres délicatement travaillées, statues dans des niches, grands lions héraldiques, encadrements de broderie de pierre, remplis par de grands écussons que soutiennent des hommes d'armes.

En tournant autour de la cathédrale, nous eûmes la bonne fortune de rencontrer la procession des Rogations. A toutes les fenêtres des maisons flottaient des draperies de toutes les couleurs, des espèces de couvre-lits à franges et à broderies ; le cortège, assez restreint, était joli ; en tête marchaient les prêtres avec les dais rouges et les bannières, des massiers en costume du moyen âge, pourpoints violets et fraises, puis des femmes en longs voiles noirs, quelques paysans du marché, et les inévitables pauvres, gens d'une grande dévotion, très carlistes en politique et qui regrettent le temps des couvents et des distributions de soupes, temps heureux où l'on n'avait à mendier que pour ses menus plaisirs.

Les vieilles maisons patriciennes ne sont pas rares à Burgos ; au premier rang il faut citer la Casa del Cordon, la maison de ce connétable de Velasco, qui, mort, est encore si bien logé dans la splendide chapelle de la cathédrale.

La Casa del Cordon, située au centre de la ville, est un palais fortifié du quinzième siècle, défendu par de hautes tours aux créneaux fantastiques figurant des lions et autres animaux. Tout ce que l'on peut voir est une très belle cour à arcades ; on ne peut visiter les appartements et les tours, car le palais est maintenant une caserne et renferme les bureaux de l'administration militaire.

Le nom de Casa del Cordon lui vient d'un immense cordon d'un ordre de chevalerie sculpté dans la muraille, et formant

au-dessus de la grande porte, un fronton triangulaire rempli par
des armoiries et par des inscriptions gothiques. Ces ornements,
complétés par deux guérites rondes à raies blanches et bleues
avec un factionnaire devant, donnent à la vieille porte un aspect
bien caractéristique.

L'un de nous la dessinait pendant que l'autre s'en allait pa-
resseusement regarder passer les ânes et les paysans sur le
pont. Le croquis fut une œuvre héroïque accomplie avec
quelques mendiants sur le dos dont le plus encombrant et le plus
bavard était un certain gaillard à manteau superlativement
troué ; pris sans doute d'un goût subit pour les beaux-arts, il
nous avait voué une amitié particulière et nous offrait de nous
accompagner partout pour nous porter notre album. Heureusement une écuelle de soupe apportée par la Providence sous
les traits d'un guerrier de la caserne nous permit de rentrer en
possession de notre parasol qu'il tenait déjà, et de nous esquiver
sans lui.

A ce moment, *l'autre* revenait d'une petite promenade d'ex-
ploration ; il avait vu le marché au charbon et il en rapportait
l'impression suivante :

Des encombrements d'ânes chargés d'une façon bizarre,
les uns ayant, pendus à leurs bâts, d'immenses filets de sparterie gonflés de ramures carbonisées, les autres, ayant à droite
et à gauche des sortes de crochets, à la façon des crochets de
portefaix, remplis de la même marchandise. Les fardeaux étaient
de chaque côté presque aussi volumineux que les ânes eux-
mêmes, les reins des pauvres bêtes plient, sous un poids qui
peut être le double du leur. Derrière chaque bête un paysan

chaussé de sandales de peau de chèvre, coiffé d'un bicorne de
peau de mouton ciré, vêtu d'une veste s'arrêtant aux reins,
d'une culotte courte fendue sur le côté et s'ajustant à des

Un paysan.

chausses de laine, marche d'un pas traînant ; des housses en
peau de chèvre attachées comme des tabliers sur chaque jambe
les empêchent de plier les genoux. Leur démarche, repliée et

Autre paysan.

pour ainsi dire, légèrement accroupie, cette allure fatiguée,
la lenteur des gestes et la savaterie particulière aux paysans
espagnols, leur donnent une silhouette qui complète l'aspect

du mouvement éreinté de leur âne. Malgré cela l'homme conserve son aspect fier, et la bête, sa tournure douce.

Tous ces ânes, tous ces âniers, toutes ces charges de charbon, arrivaient sur une grande place carrée, bordant la grande

Un coin de la plaza Mayor.

route; on déchargeait les bêtes, on mettait les marchandises en
tas et les baudets étaient laissés libres; alors on les voyait se
réunir par groupes, comme s'ils avaient été eux-mêmes des
paysans, causant entre eux un jour de marché. Quant aux
charbonniers, ils se dispersaient dans la ville, si bien que, pour

quelques centaines de paires de longues oreilles, on pouvait compter quelques hommes seulement. On eût dit en vérité que c'étaient les ânes, et non les paysans, qui étaient venus là pour faire leurs affaires, et que quelques-uns d'entre eux avaient amené leurs charbonniers. De temps en temps, on entendait de grandes lamentations, dans le mode « hi han » ! « hi han » ! Notre connaissance de la langue espagnole n'allant point à beaucoup près au delà de l'espagnol humain, force nous fut de

Au marché.

supposer que ces lamentations en castillan asinesque venaient de l'absence complète d'aucune espèce d'acheteur.

Au fond de la place, dont toutes les maisons ont l'aspect le plus sévère, on lisait, peint en lettres gigantesques sur une façade, ce seul mot « Fotografo ». Pour qui ce photographe avait-il placé son établissement là ?

Les vieilles demeures seigneuriales ne sont pas rares dans la capitale de la Vieille-Castille ; certaines maisons, sans être monumentales comme la Casa del Cordon, ornent quelques rues antiques de leurs façades écussonnées, un peu branlantes, un peu décrépites, mais dont toutes les pierres semblent encore regarder le passant avec toute la fierté d'un hidalgo.

La maison du Cid n'existe plus, bien entendu, mais la place y est toujours; un petit monument y a été élevé au siècle dernier à la mémoire de l'époux de Chimène. Un simple fût de colonne avec un écusson. Les cendres du héros et celles de Chimène sont à l'hôtel de ville; elles ont été apportées du monastère de San Pedro de Cardeña, voisin de Burgos, où sont encore les tombeaux du père, de la mère, du fils et des filles du grand chevalier. Le Cid étant mort en 1099 dans Valence, sa conquête, la ville fut pendant deux ans défendue contre les Maures par doña Chimène; enfin les chrétiens, sur le point d'être forcés, voulurent enlever aux vainqueurs la dépouille du héros pour la rapporter en Castille; ils attachèrent son cadavre embaumé, armé de toutes pièces, sur son cheval de bataille Babieca, ils lui mirent à la main son épée Tizona, élevèrent sa bannière et grâce à ces enseignes redoutées firent leur trouée parmi les assiégeants. Le cheval Babieca obtint aussi les honneurs de San Pedro, il fut enterré devant le portail de l'église où reposait son maître.

Le jour du marché fait de Burgos un fouillis très amusant de mulets, d'ânes, de paysans et de paysannes. Le marché se tient sur la plaza Mayor, avec des annexes sur des petites places environnantes.

La plaza Mayor est entourée de maisons uniformes bâties sur arcades, peintes de toutes les couleurs et égayées par une multitude de grands rideaux multicolores, couvrant tous les balcons.

Le marché, abrité sous de larges parasols carrés, se tient
autour de la statue du roi Charles III, porteur d'un nez trop

Mariano.

bourbonien, qui par ses dimensions exagérées doit éviter l'usage
du parasol à deux ou trois marchandes.

Dans les coins, des troupes d'ânes sont abandonnés en

A la gare.

liberté, la tête courbée attachée par une corde à l'une des
pattes de devant. Les costumes sont très variés ; les plus pittoresques de ces paysans étaient de vieux bergers coiffés d'un

bonnet fourré presque pointu, vêtus de petites vestes à revers noirs et collet relevé, de culottes marron protégées au-dessus des jambières par des housses en peau de chèvre attachées à la ceinture, braves gens à face rissolée par le soleil, au menton

Les miradors.

rasé, mais encore garni d'une végétation courte et rude comme une vieille brosse.

Parmi toutes les figures aperçues en ce jour de marché, défilant sur le pont ou stationnant sur les places, la palme appartient à un pauvre diable qui voyageait les mains liées, entre quatre gendarmes à cheval. C'était le type absolu du vieux vagabond, blanchi dans la misère de ces campagnes poudreuses. Celui-là avait du style ; ahuri comme un animal pris au piège, il semblait ne lui être resté que l'instinct de se tenir toujours le plus loin possible des gendarmes. Ceux-ci le ramenaient au centre avec les croupes de leurs chevaux, mais l'instant d'après il s'écartait encore.

Ses vêtements n'étaient que les ruines d'un de ces costumes de paysans déjà si rapiécés. A ce propos il faut noter le goût artistique avec lequel on raccommode les pantalons dans le nord de l'Espagne. Les pièces servent à la décoration ; au lieu de vulgaires carrés d'étoffe d'une couleur à peu près assortie, comme les pièces qui émaillent les vêtements de nos paysans sans poésie, ce sont des étoiles, des ornements d'une couleur franchement différente, que les Espagnols appliquent aux endroits fatigués, aux fonds, aux genoux, avec des rappels sur les côtés et dans le bas. Et vraiment le vêtement ainsi étoilé est plus beau que neuf.

Burgos possède quelques promenades sur les bords de l'Arlanzon. La promenade de l'Espolon, située près de l'arc de Santa-Maria, est ornée de quelques statues de guerriers et de rois dans le goût troubadour du siècle dernier. Les plus jolies promenades sont dans le faubourg de l'autre côté de la rivière. Sous les arbres, la garnison faisait l'exercice ; à distance les pantalons rouges et les tuniques bleues font penser aux troupes françaises. Comme tenue et comme propreté, les régiments espagnols sont vraiment admirables, l'uniforme est joli et très galonné, les officiers surtout sont couverts de trèfles d'or sur les manches.

L'accessoire obligé d'un séjour à Burgos est une visite à la célèbre chartreuse de Miraflores, située à une petite lieue de la ville sur une hauteur. Avec des voyageurs de notre posada nous frétons un omnibus pour nous y transporter. Le voyage n'est pas long. En route, un de nos compagnons, natif de l'Auvergne, établi depuis trente ans en Espagne, nous raconte l'histoire de ses mules. Ah ! L'une de ces mules surtout valait son pesant d'or, et il en avait souvent refusé bien de l'argent ; elle n'était pas jeune, elle n'était pas belle, mais elle possédait une qualité plus précieuse pour son propriétaire que la beauté et la jeunesse, elle sentait les voleurs à cinquante mètres ! Avec elle on pouvait voyager de nuit, grâce à ce flair particulier on était sûr de ne jamais tomber dans une embuscade.

La chapelle de la Cartuja de Miraflores possède un splendide mausolée du roi Jean II et de sa femme Isabelle. Ce tombeau extraordinairement fouillé est un miracle de sculpture à user la vie d'une demi-douzaine d'artistes. Il y a, parmi les nervures, les enlacements, les guirlandes d'une complication invraisemblable, découpées avec la finesse d'une broderie, une quantité inouïe de statuettes d'un fini précieux portées sur de grands lions couchés. D'autres statuettes forment une galerie au sommet du sarcophage autour des statues du roi et de la reine, couchés couronne en tête. A part quelques mutilations légères dues à la guerre, l'œuvre est encore fraîche et délicate, l'épiderme d'albâtre des statuettes n'a pas souffert et même les minutieux dessins de la robe de brocart de la reine ne sont pas altérés.

Le reste du cloître est moins intéressant, ce sont des cours désertes, de longs corridors blancs. Le couvent n'était occupé jadis que par vingt-six chartreux, chacun d'eux avait son appartement particulier bien conservé encore : une chambre à coucher, un oratoire et un petit jardin séparé par de hautes murailles de ceux de ses voisins. La cuisine était commune à tous les chartreux, et il y avait à chaque cellule une sorte de vasistas en bois à travers lequel, aux heures des repas, on apportait à chacun sa nourriture.

On nous avait également conseillé de visiter, à une lieue de Burgos, « Las Huelgas », un couvent de femmes bâti sur l'emplacement d'un palais nommé « Las Huelgas del rey », les plaisirs du roi, mais le prêtre qui gardait la chartreuse de Miraflores, nous ayant dit que le couvent est fort intéressant, mais qu'on n'en peut voir que le mur extérieur qui n'a rien de particulier, nous pensâmes que, malgré l'avis du philosophe qui prétend que voir un mur, derrière lequel il se passe quelque chose, c'est déjà voir quelque chose, il était inutile de nous déranger.

Sérenos. — A Valladolid et ailleurs.

CHAPITRE QUATRIÈME

VALLADOLID. — AVILA

Les dernières sérénades espagnoles. — Les remparts d'Avila. — Accès aigu
de romantisme. — Trois kilomètres de créneaux. — Une cellule de religieuse.

Assassine-t-on une douzaine de femmes? égorge-t-on vingt-
cinq enfants sous nos fenêtres? quels sont ces cris?.... Ah!
nous l'avions oublié, c'est le séreno qui vient nous hurler les
heures !

Hélas! la voilà la sérénade espagnole, la seule, la dernière;
celle qui toutes les nuits se donne avec l'autorisation de
l'alcade.

Le séreno est un fonctionnaire spécialement chargé par les municipalités paternelles d'engager les habitants à dormir tranquilles en leurs logis. Si d'heure en heure un chant épouvantable éclate dans la nuit et vous réveille en sursaut, ne vous plaignez pas, c'est le bon séreno qui vous engage à dormir. Jugez un peu, si ce n'était pas pour ça !

Admirable institution !

Après deux ou trois airs de séreno allez donc fermer l'œil ! au moment où, après bien des efforts, vous êtes sur le point de rattraper le somme interrompu, voilà que la voix maudite et redoutée retentit, en train de réveiller les habitants d'une autre partie de la ville ; puis sa psalmodie lointaine grossit, le séreno se rapproche, on le devine, on le voit venir avec son manteau, sa pique et sa lanterne, et tout à coup, sous votre fenêtre, le misérable fait résonner triomphalement son fer sur le pavé et crie à tue-tête son lamentable refrain : *La doce de la noche !....* *la tres de la noche !* etc...

En voilà encore pour une heure.

Nous sommes à Valladolid, où nous sommes arrivés de nuit avec l'intention de dormir admirablement pour arpenter le lendemain, encore plus admirablement, les rues de cette cité royale, capitale préférée jusqu'à Philippe IV.

Hélas ! fatale erreur. Pour la nuit nous avions oublié le séreno et pour le jour nous avions compté sans la ville elle-même. Valladolid est une de ces villes que l'on peut visiter en voiture, c'est-à-dire, quoi qu'on en dise, une cité peu intéressante.

C'est Versailles avec des stores et des **jalousies aux fenêtres**,

des balcons, de grandes places poudreuses et des couvents.
Dans nos interminables promenades à travers les rues em-
brouillées de la ville, nous n'avons guère trouvé que deux ou
trois points caractéristiques comme la Plaza Mayor et la place
de l'Université.

La Plaza Mayor est comme les places de Vittoria et de Burgos,
un vaste espace entouré de maisons uniformes, bâties sur arcades ; celle-ci ne manque pas d'un certain air de grandeur, déchue peut-être, mais encore visible. Les hautes maisons peintes, avec leurs immenses lignes de balcons fleuris, et
les centaines de rideaux flottant au vent, paraissent plus vivantes que celles du reste de la ville.

L'ayuntamiento, l'hôtel de ville, pour le moment sans toit
ni fenêtres, occupe une des faces de la place ; les principales
boutiques sont sous les galeries qui se prolongent jusque vers
une petite place dont le principal ornement est une fontaine à
colonne dorée, d'où le nom de « plaza de la Fuente dorada ».

C'est sur la plaza Mayor que se donnaient jadis les courses
de taureaux et les auto da-fé ; sous Philippe II, de sanglante
mémoire, ou brûlait aussi au *Campo Grande*, maintenant transformé en une promenade bordée de couvents, près du chemin de fer.

L'université de Valladolid possède une superbe façade dans
le style de la renaissance espagnole, riche et touffue sans cependant tomber dans les exagérations et les prodigalités du
style plateresque qui ciselait les monuments comme des pièces
d'orfèvrerie.

La Universidad a déjà bien des statues, son portail à colonnes est surchargé d'ornements : blasons, guirlandes, bas-reliefs, anges, figures allégoriques dans des niches, statues dans le haut, fronton chargé de boules et de pots de fleurs, etc.

En avant de la façade se dresse une ligne de piliers de deux

Valladolid. — Portail de l'Université.

mètres de haut, surmontés chacun d'un lion appuyé sur l'écusson royal.

Les monuments de Valladolid sont nombreux, mais peu remarquables : le Palais Royal, situé en face du couvent de San Pablo, est plus sombre que majestueux, la cathédrale n'a jamais été achevée; les autres édifices présentent des détails, des morceaux plus ou moins intéressants. Plusieurs sont comme la cathédrale, les pierres sont sur le chantier, les murailles attendent, mais les maçons, il y a deux cents ans, sont partis pour aller déjeûner et ne sont pas revenus.

Entrée d'Avila.

Ceci est le sort commun de toutes les villes qui après avoir été centre et capitale se trouvèrent un beau jour abandonnées pour une rivale ; après une époque brillante, Valladolid pendant longtemps capitale de l'Espagne et séjour préféré des rois, fut détrônée et tuée par Madrid comme elle avait détrôné et tué Burgos.

Dans les rues assez banales on peut faire bien du chemin

sans rien trouver, il ne nous est resté que le souvenir de quelques coins : une étroite façade d'église serrée entre les maisons,
travaillée comme un devant d'armoire artistique ; un porche
gothique, au couvent de San Gregorio, croyons-nous, bizarre-
ment orné de sépultures imitant les nattes et tressages de la
sparterie ; une autre vieille église près de la maison où Christophe Colomb est mort, avec une tour timbrée, presque du haut
en bas, des armoiries gigantesques du fondateur, et enfin des
clochers de couvent où les cloches tout à fait à jour, exécu-
taient ce matin-là une gymnastique folle, faisant à chaque coup
une pirouette complète par-dessus leur poutre.

> Beau seigneur, va-t'en voir si ta muraille est haute,
> Si la porte est bien close et l'archer dans sa tour...

C'est un des voyageurs qui éprouve subitement le besoin de
réciter Hernani aux gendarmes de la gare d'Avila. Déjà en passant devant le pays dénommé Hernani, entre Saint-Sébastien
et Tolosa, il avait eu un commencement d'accès de romantisme
aigu, bien vite refréné en découvrant que la petite ville ornée
de ce nom éclatant n'était qu'un bon gros bourg, bien tranquille,
bien agreste et même — horreur ! — un tant soit peu manu-
facturier.

A Avila, c'est autre chose. Tant de tours et de créneaux se
découpent sur le ciel, que le romantisme le plus échevelé devient du simple naturalisme.

A 500 mètres du chemin de fer, sur un mamelon ondulé,
se dessine une ligne de tours et de murailles crénelées longue d'un kilomètre et dominée çà et là par quelques campaniles

de couvents ou d'églises. Cette vue cause une certaine satisfaction après une journée ennuyeuse à Valladolid. Enfin voici de l'Espagne héroïque, voici, couverte encore après des siècles, de ses vaillantes tours, une de ces fières cités de combat qui virent les grandes luttes entre les rapides légions mauresques et les durs chevaliers de Castille.

Les abords de la ville sont très rocailleux; d'énormes blocs de rochers gisent çà et là, c'est la fin d'une région sauvage que le chemin de fer vient de traverser, d'un chaos de cinq ou six lieues de longueur, où des centaines de milliers de blocs semblables à des dolmens foudroyés couvrent le sol, renversés les uns sur les autres dans une indescriptible confusion ; désert animé seulement par quelques maigres troupeaux de porcs et par quelque berger solitaire debout sur une accumulation de rochers aux formes bizarres.

Nous sommes ici sur le plateau du Guadarrama, à 1200 mètres d'altitude. Éparpillés dans les rochers entre la ville et le chemin de fer, quelques vieux couvents sont restés de ceux qui s'abritaient jadis à l'ombre des murailles. Tout est pur moyen âge ici, seul un « *nom d'un chien !* » retentissant comme nous nous perdions dans la contemplation de ce fier paysage nous a rappelé le dix-neuvième siècle représenté ici par les chauffeurs français du chemin de fer, qui profitaient de l'arrêt pour se dégourdir les jambes et le gosier.

Le pittoresque des costumes s'accentue ; c'est le commencement des chapeaux à pompons et des jupes jaunes chers aux habitants de l'Andalousie.

Près de la gare, une foule composée d'autant de mulets que

de paysans entoure une posada et forme des groupes tout disposés pour l'aquarelle. Les bergers couverts de peaux de chèvre
du marché de Burgos se retrouvent aussi. Beaucoup de ces
paysans ont la mante du Midi, ce manteau de laine bariolé de
raies de toutes les couleurs, qui se porte jeté sur l'épaule et
dont les extrémités fermées en forme de poche, sont garnies de
franges et de petits pompons.

Des petites maisons noires et tristes, coupées de ruelles
étroites, solitaires et tristes, voilà tout ce qu'est la ville à première vue ; dans cette vieille ville de guerre, les maisons semblent s'être ramassées et serrées les unes contre les autres avec
la préoccupation de ne pas gêner la défense. Pas une qui cherche à voir par-dessus les créneaux de l'enceinte ou bien à se distinguer par une façade architecturale ; tout est petit, froid et triste.

Cependant, même dans les ruelles les plus infimes, les vieilles demeures seigneuriales ne font pas défaut, mais il ne
semble pas qu'elles aient jamais été luxueuses ; les gens qui les
ont bâties devaient être simplement de rudes chevaliers, sans
grand souci de magnificence et plus souvent en chevauchées
dans les plaines ou de garde sur les tours contre les algarades
des Maures, que reposant en leur logis. Les murailles sont
plus épaisses, plus noires que les autres et pour tout ornement
possèdent un vieil écu blasonné, quelque fenêtre à trèfle ou
quelque haute porte en ogive.

Le seul reste un peu plus monumental que nous ayons rencontré, était un vieux palacio occupé par l'École des cadets de
l'armée. — C'est tout ce que l'on peut découvrir en battant le
pavé : des débris de palais déserts, des officines de perruquiers

Les murailles d'Avila.

établies dans des fragments de vieilles maisons armoriées, des détails de façade, rien que des détails enfin, mais quelques-uns très curieux comme par exemple, celui, que nous avions sous les yeux de notre hôtel, une fenêtre ogivale à balcon, ouverte en pan coupé dans l'angle d'une maison aux murailles semées de blasons portant une grande fleur de lis.

Les seuls monuments d'Avila sont des églises ou des couvents. La cathédrale est superbe, elle offre à l'intérieur une réduction de celle de Burgos, aussi sombre et aussi mystérieuse en plein jour que Burgos, à la nuit tombante. Nous y sommes entrés littéralement à tâtons, en marchant les mains étendues en avant.

Ce sont les mêmes énormes piliers, avec la même surabondance, le même fourmillement de sculptures. Dans les bas-côtés plus sombres encore, s'ouvrent des chapelles garnies de tombeaux gothiques, de statues de chevaliers debout ou couchés, de bas-reliefs bizarres aux personnages contournés, d'armoiries gigantesques, que l'œil ne distingue que très confusément dans la profonde obscurité des voûtes, derrière des grilles de fer forgé, hérissées et barbelées de mille pointes féroces.

L'église entière avait l'aspect d'un sépulcre immense et sonore, tout entier rempli par une noirceur solennelle, sur laquelle se détachaient seulement quelques parties blanches comme les piliers du transept, effleurés par une ligne de lumière, quelques vitraux de couleur et quelques arêtes de sculpture.

A l'extérieur, l'église est une forteresse; c'était le donjon, le château fort et la suprême défense de la ville. L'abside forme une grosse tour ronde, presque sans ouverture, défendue par deux rangées de créneaux monstrueux, élevés sur machicoulis et se reliant aux tours de l'enceinte, un peu perdues de ce côté dans les maisons.

Avila. — Un balcon.

Particularité originale, les portes de la cathédrale sont gardées chacune par deux lions couchés sur un pilier bas, et attachés comme des chiens de garde au mur de l'église, par une chaîne de fer passée dans leur gueule. Le grand portail, outre ses

deux lions à la chaîne, est orné de sculptures parmi lesquelles
au-dessus des frontons, deux grands diables de sauvages, barbarement exécutés qui supportent le blason de la ville.

Une autre église à laquelle un couvent de dominicaines est

La cathédrale d'Avila.

annexé, nous a paru curieuse. Les murailles sont un peu nues
à part quelques peintures et quelques bas-reliefs ; sous une voûte
assez sombre du côté opposé au chœur, c'est-à-dire du côté du
portail, s'il y avait un portail, s'ouvre une sorte de fenêtre deux

fois grillée de barreaux serrés, qui donne sur une cellule de religieuse.

Au milieu de cette salle ou cellule effroyablement triste, une blanche statue de femme était en prières, dans une pose à la fois humble et extatique. A travers les barreaux de la grille nous nous efforcions de distinguer les détails de cette merveilleuse œuvre d'art et nous regrettions de ne pouvoir l'examiner de plus près.

Le guide étant muet, nous en étions réduits aux conjectures.

— J'y suis ! s'écria l'*un*, Avila est la patrie de sainte Thérèse, cette salle sombre est sans doute une chapelle dédiée à la Sainte, — peut-être la cellule où elle a vécu, — et cette figure est sa statue, coloriée suivant l'habitude espagnole.

— Alonzo Cano n'a rien fait de mieux et ceci vaut le célèbre saint François de la cathédrale de Tolède, répondit l'autre, c'est, avec le même réalisme dans les détails du costume, la même intensité d'expression dans la figure et dans l'ensemble, le même dédoublement du corps et de l'esprit, une âme sculptée apparaissant visible sous les plis flottants de la robe.

— Mais de qui est-elle, de Berruguete ou d'Alonzo Cano, lui-même.....

L'*un et* l'*autre*, s'interrompirent brusquement, la statue avait légèrement bougé.

— Mais elle est vivante !

— Mais non !

— Mais si !

Cette fois il n'y avait plus à douter, Alonzo Cano n'était pour rien dans l'affaire, la statue s'était levée et marchait. Une lueur

de cierge éclaira un instant sa figure, puis tout disparut. Gêné
par le chuchotement des deux importuns, le fantôme était allé
se mettre à genoux plus loin dans l'ombre, où il ne faisait plus
qu'une vague tache blanche.

C'était une religieuse. Et cette ombre d'une vivante enfermée
dans ce tombeau, était jeune et elle était belle.

Ceci dans une ville comme Avila, gothique, déserte, fantôme
elle aussi, séparée du reste du monde par quatre ou cinq siècles
d'ensevelissement dans l'oubli, peut passer pour une évocation
terrible des cloîtres d'autrefois. C'est plus fort comme impression désolée qu'une chartreuse déserte.

Quand on a vu la cathédrale et les couvents, il ne reste plus
qu'à faire le tour de la ville en dedans et en dehors pour bien
voir l'enceinte et les portes. Le front hérissé de créneaux que
présente Avila du côté de l'arrivée, se retrouve sur l'autre face,
c'est le même développement de remparts, à créneaux de
forme un tant soit peu arabe, flanqués de tours rondes de
quelques mètres plus élevées. La plus belle de toutes les portes
est celle qui donne vers la gare, son aspect héroïque en plein
jour, devient tout ce qu'il y a de plus farouche aux heures
nocturnes. Nous n'avons pas manqué d'aller au clair de la lune
la contempler longuement, assis en face sous les arcades d'un
cloître ruiné attenant à une vieille église, à créneaux elle aussi,
placée comme un ouvrage avancé à quelque distance des remparts.

Non seulement il n'y a pas de revenants à Avila, non seulement aucun fantôme d'archer ou de chevalier n'apparaît sous
cette porte fantastique ou derrière ces innombrables créneaux,

mais encore, en repassant sous la herse et en ressortant par une autre porte, nous sommes tombés, après quelques pas, sur une place de la Constitution moderne et quelconque, aux maisons à arcades neuves, et remplie d'une population très vivante malgré toutes les apparences.

Avila. — Sous le porche de la Cathédrale.

Sur cette place neuve, il y a même des bancs et des bonnes d'enfants, plus une fontaine dans un coin, entourée de ménagères à jupes jaunes apportant pour les remplir des jarres empilées sur des brouettes.

Au fond de la place, on est tout étonné d'apercevoir un vaste établissement, un grand café meublé de nombreux billards, et fréquenté par de nombreux consommateurs.

A force de circuler à travers les rues étroites et désertes et parmi les maisons d'aspect inhabité, sombres et fermées, les yeux perdent l'habitude des grandes pièces et de la vie.

C'est là une impression que vous donnent le plus souvent les cités anciennes; il semble que les vivants et les modernes sont

A la fontaine.

des curiosités détonnant par leur anachronisme, de même lorsqu'on sort des catacombes, il semble que l'ombre est la vérité et la lumière, le paradoxe.

Cette impression est d'autant plus saisissante qu'il faut quitter cette place claire et animée et pour regagner l'hôtel retraverser les hautes poternes et se reperdre dans le dédale des petites rues, sombres, vides et silencieuses, on croirait que toute la ville s'est vidée sur la place, si des bruits de guitare sortant des maisons noires, n'achevaient de vous convaincre de l'existence d'une population vivante dans ce vieux débris des siècles écoulés.

Cette place qui est à proprement parler située hors de la ville, sert de lieu de réunion aux élégants comme gens du vulgaire. Particularité remarquable, nous n'y avons pas vu de mendiants.

Dans les jours de grande chaleur, Avila devient une station balnéaire, les habitants des grandes villes environnantes y viennent prendre des bains d'air frais. En hiver et jusqu'à une époque assez avancée du printemps, ce n'est point la fraîcheur, c'est le froid rigoureux qu'on rencontre à Avila. En été, l'on y respire, et respirer est un bonheur précieux en Espagne.

Après Avila, nous n'avons plus jusqu'à Madrid qu'à rouler sur les pentes du Guadarrama, dont les cimes neigeuses nous apparaissent constamment sur la gauche.

Nous guettons par la portière le site célèbre de l'Escurial. L'horizon est un désert de gris ; à perte de vue les roches grises s'entassent en mamelons coupés par des ravins également gris où coulent des ruisselets semés de cailloux.

L'Escurial, caserne gigantesque avec un dôme de l'institut au milieu, se profile enfin à mi-côte. Mais que dirait le bon Philippe II ? Une perturbation profonde secoue l'ennui énorme et royal qui ronge les murs de sa résidence, le vieux palais frémit devant une invasion bruyante de bourgeois et de bourgeoises de Madrid, amenés par d'irrespectueux trains de plaisir. Plaisir et Escurial, deux mots qui n'ont guère l'habitude de rimer ensemble.

Madrid. — Une école.

CHAPITRE CINQUIÈME

A Madrid. — Un tiers de Corrida de Toros. — Éventrements nauséabonds.
Éventails et mantilles— La garde montante au Palais.

Monter dans un omnibus d'hôtel peinturluré, orné de franges
et de bouffettes vert-chou, enlevé par six mules couvertes de
paquets de pompons et criblées de sonnettes, — être volé par
les commissionnaires, — croiser à tout instant dans les belles
avenues qui vont de la gare à l'intérieur de la ville, d'autres équipages bariolés ou d'immenses omnibus transformés en voitures de noces, aux panneaux jaune-serin ornés de paysages et
traînés par des mules plus pomponnées et plus élégantes s'il
est possible que celle du susdit omnibus, — cela suffit, on le
comprend, pour monter fortement l'imagination du voyageur !

Et tout cela pour descendre ensuite à la Puerta del Sol, au centre d'un boulevard Montmartre infiniment trop prolongé ! La célèbre Puerta del Sol est un immense carrefour tiré au cordeau, bordé de hautes maisons d'une régularité désespérante, centre d'où rayonnent dans tous les sens de larges rues également bordées de longues lignes droites aux grandes maisons monotones.

Le cadre manque complètement. Quelle désillusion et comme on serait disposé à s'ennuyer s'il n'y avait tant de fleurs, tant de mantilles et tant d'éventails par les rues.

Souveraine absolue, la mantille règne sur toutes les classes et couvre toutes les têtes féminines depuis celle de la duègne respectable jusqu'à celle de la petite fille. A notre première sortie, nous avons croisé une école de jeunes demoiselles sortant de l'église sous la conduite de deux sœurs ; toutes les gamines depuis les grandes de douze ans jusqu'aux bambinettes, vêtues d'une robe d'uniforme grise très-courte, portaient la mantille noire et bon nombre d'entre elles jouaient de l'éventail rose comme de grandes personnes.

Les premières communiantes, elles aussi, portent un costume court très coquet, bien différent des juponnages fabuleux des communiantes françaises, et un voile qui se rattache à la mantille par des liens de parenté visibles.

Sur les dalles de la Puerta del Sol, c'est un défilé perpétuel de charmantes figures formant toutes des sujets d'éventail réussis, un défilé de mantilles noires, de mantilles blanches, de cheveux blonds frisottant sur des fronts et sur des nuques adorables, de cheveux noirs et de cheveux bleus arrangés en grosses boucles et rejoignant des sourcils féroces, un défilé de manolas enfin, parmi lesquelles certaines dignes de Goya, montrant sous les barrettes du petit soulier, des bas à dessins fantaisistes et marchant un œillet à la bouche.

La marchande de ces œillets est à tous les coins de rue, portant son rouge bouquet dans un petit baril de bois plein d'eau, au milieu d'un tohu-bohu de marchands de billets de loterie, de vendeurs de places aux courses de taureaux, et de

Madrilènes.

cireurs de bottes aux allures inquiètes, qui cherchent à entraîner leurs clients sous les portes cochères, à l'abri de l'œil vigilant du sergent de ville.

Le fond de la langue à la Puerta del Sol est *toros et loteria*. Aujourd'hui jour de fête, corrida de toros, dimanche prochain, toros extraordinaires au bénéfice d'un hôpital. Les huit taureaux de dimanche seront enrubannés aux couleurs de huit dames de la plus haute aristocratie, princesses, duchesses ou marquises, qui ont daigné accepter d'en être les marraines ; heureux les chevaux qui auront l'honneur d'être éventrés ce jour-là !

Si la corrida elle-même est une chose absolument écœurante, rien n'est gai et charmant comme un départ pour la Plaza de toros. Tout Madrid est en l'air ; sur la route depuis la Puerta del Sol jusqu'au Prado, une double file d'équipages se rend à la fête ; les omnibus et les tramways traînés par des six ou huit mules couvertes de bouffettes et de pompons verts ou rouges, sont tout à fait bondés ; dans les calèches découvertes, dans les voitures de l'aristocratie, on n'aperçoit que des mantilles, toutes les dames ont arboré la mantille blanche nationale.

Des voitures passent pleines de jeunes filles et d'enfants qui s'en vont voir travailler les taureaux comme on va au concert ou à une matinée dramatique. Puis, fendant la foule, voici des toreros, les premiers sujets de la quadrilla, se rendant à l'arène en voiture découverte ; tous les regards sont pour eux, ils trônent renversés sur les coussins et drapés élégamment dans leurs capes jaunes et rouges.

C'est un tapage étourdissant de clochettes, de marchands d'agua fresca, d'aguardiente, d'oranges et d'éventails, tapage commençant dans la ville, se poursuivant sur toute la route et se continuant jusque dans l'intérieur du monument national voué au culte de l'art tauromachique.

Il va sans dire que nous avions pris nos places pour la corrida et que pleins de joie nous étions arrivés à la plaza avec une heure d'avance pour bien voir tout, préparatifs et arrivée.

Les amateurs, les aficionados, absolument semblables comme allure aux bookmakers de Lonchamps, étaient déjà dans les coulisses, représentées par de petits bâtiments en briques séparés de la grande arène par des cours encombrées de monde. Les picadores, très entourés, choisissaient leurs chevaux parmi les pauvres vieux animaux, maigres, décharnés, affaissés, invalides parvenus au terme de leur carrière et destinés à périr sous les coups de cornes.

On visite les écuries où ces pauvres victimes, reposant leurs vieux os sur la litière de leurs belles stalles, se félicitent sans doute de leur heureux sort apparent sans se douter de ce qui les attend. Dans un coin de la cour, ceux que l'on a choisis pour mourir aujourd'hui se tiennent le nez au mur, sellés et enrubannés; à l'autre coin, contrastant avec la tranquillité des vieux chevaux, par leur pétulance et le bruyant ramage de leurs grelots une troupe de belles mules pomponnées attend en piaffant et en ruant le moment de jouer un rôle dans la tragédie.

Ce sont elles qui viendront tout à l'heure enlever les cadavres de l'arène.

Les picadores montent en selle et vont essayer le bois de leur pique contre un poteau. Leur costume est bien connu : petite veste et gilet couverts d'or, grand chapeau d'aspect mexicain, et culotte protégée par une doublure en zinc.

A partir de trois heures et demie des flots de spectateurs emplissent l'arène et les couloirs. Nous abandonnons les coulisses et nous regagnons nos places. Tout est bondé, à l'ombre comme au soleil ; dans la foule de vêtements noirs, beaucoup de costumes des provinces se distinguent par une note plus claire ; des bancs entiers sont occupés par des femmes des environs en robes jaunes, bleues, vertes et nous avons pour voisin un Andalou tout en noir : culotte courte et guêtres

noirès, petite veste noire à boutons de filigrane d'argent, gilet découvrant une chemise à dentelles fermée par un gros
bouton de filigrane d'or.

Partout des femmes élégantes et jolies forment de ravissants
groupes, où pas un chapeau ne se fait voir, pas un seul ; aux

Les toreros au café.

taureaux, on ne porte que la mantille blanche ou noire arran-
gée de toutes les façons.

La foule remplit toujours l'arène ; de tous côtés des oranges
décrivent des paraboles en l'air et parties de l'arène s'en vont
tomber jusque sur les derniers gradins tout en haut. Ce sont
les marchands d'oranges qui, par des prodiges d'adresse, en-
voient leur marchandise à qui la demande, découvrant le client
parmi les milliers de têtes pressées et lui envoyant les fruits avec
une précision fabuleuse. Comment l'acheteur s'y prend-il pour
faire passer l'argent au vendeur, cela, nous n'avons pu le découvrir.

Enfin on fait évacuer l'arène. Les trompettes sonnent et le quadrilla fait son entrée solennelle.

En tête, deux alguazils à cheval, en costumes du seizième siècle, coiffés de chapeaux de forme Basile, cavalcadent sur des chevaux superbes. Puis les toreros un à un, sur trois lignes : les espadas d'abord, les capeadores ensuite, puis les picadores à

Au Prado.

cheval, puis les banderillos, et enfin les attelages de mules et les garçons de l'arène, des gamins de seize ans habillés de blouses rouges, aussi hardis et aussi exposés que les vrais toreros.

Toute cette procession vient à pas lents saluer les autorités et solliciter la permission de commencer. La musique joue, les beaux alguazils, après avoir bien fait piaffer leurs chevaux, vont porter la clef du toril et se sauvent au grand galop. Il est temps, derrière eux la porte s'est ouverte et le taureau a surgi brusquement dans l'arène.

Ébloui par le grand soleil, ahuri par l'ouragan de cris qui a salué son entrée, il s'arrête en grattant le sable au milieu de la place.

Tous les toreros se sont éparpillés ; au fond, placés de chaque côté de la porte du toril, les picadores attendent impassiblement la charge du taureau. Les chulos ou capeadores agitent de grands manteaux rouges, enfin l'un d'eux se détache et vient en courant lancer sa cape rouge dans les yeux du taureau qui secoue furieusement la tête et se précipite sur l'homme. Mais l'agile chulo a déjà gagné la barrière, et saute par-dessus à la force du poignet ; un autre l'a remplacé et poursuivi de même, s'est arrêté sur le marche-pied de la barrière.

Un autre chulo prend sa place devant le taureau qui court follement de l'un à l'autre, les cornes basses et ne réussit qu'à s'envelopper la tête dans les plis de l'étoffe. — C'est quand le taureau, harcelé par une vingtaine d'ennemis lestes comme les chats, commence à baver de fureur, que le drame se dessine.

Les deux picadores à cheval n'ont encore rien fait, tout à coup le taureau les aperçoit et, abandonnant les insaisissables chulos, se lance sur ces ennemis immobiles.

C'est le moment. Les chevaux ont les yeux bandés pour qu'ils ne reculent pas, le picador donne un coup d'éperon et baisse la lance pour recevoir le choc du taureau. En moins d'une minute cheval et cavalier, soulevés d'un coup de corne, sont jetés en l'air et lancés contre la barrière. Le picador est dessous, vite les chulos se précipitent pour détourner le taureau du tas sanglant qu'il fouille avec ses cornes.

Le cheval est relevé à grands renforts de coups par les garçons de l'arène, on hisse l'homme dessus et d'un bon coup d'éperon le picador revient au taureau la lance en avant. Le tau-

reau, l'épaule ensanglantée par le premier coup de lance, attend
à son tour.

Le malheureux cheval fait trois pas sur ses jambes tremblantes et, chose épouvantable, se vide pour ainsi dire complètement ; en marchant, les entrailles, le sang, tout tombe comme
d'un baquet renversé.

Brusquement le cheval tombe au moment où le taureau re -
venait et l'on tire le picador à grand'peine pendant que la bête
féroce s'acharne sur le pauvre cadavre, encore secoué par des
tressaillements.

Sur les gradins ce premier sang est salué par une explosion
de cris et d'applaudissements. Nous pâlissons, le cœur nous
tourne, mais nos voisins et nos voisines sont très contents : le
taureau est bon.

C'est le tour du second picador, à peine a-t-il le temps d'a-
baisser sa lance, qu'il est jeté sur le sable et que son cheval est
tué comme le premier. Le premier picador revient sur un autre
cheval et reçoit le choc : il est bientôt par terre et son cheval
galope dans l'arène en traînant un paquet d'entrailles. Les garçons de l'arène le rattrapent et remettent le picador sur le dos
de la malheureuse bête dont les jambes fléchissent.

Le taureau revient à la charge ; on entend un bruit sourd,
cheval et cavalier sont jetés contre la barrière : le cheval est
mort et le cavalier doit avoir quelque chose de cassé, car les chulos l'emportent.

Les banderillos entrent en scène à leur tour ; le taureau re-
venu au milieu de l'arène souffle bruyamment, les banderillos
vont droit à lui et lui plantent dans les épaules des espèces de

flèches enrubannées. Quand il en a trois paires sur sa croupe ruisselante de sang, le taureau devient enragé et se secoue comme un forcené.

Il est à point. Voici le dénouement, c'est à son tour de mourir. L'espada, le célèbre Frascuelo, entre dans l'arène à pas lents. Il salue les spectateurs avec la plus grande tran-

Au Prado.

quillité, et demande la permission de tuer le taureau à la loge des autorités.

La permission obtenue, Frascuelo d'un beau geste, jette son chapeau en arrière sans regarder, et se dirige vers le taureau, l'épée enveloppée dans un grand voile rouge nommé la muleta.

Bien planté devant le taureau, il fait tourbillonner sa muleta et se contente, à chaque charge de la bête, de pirouetter sur les talons pour éviter les cornes sanglantes. Enfin il s'arrête, le taureau demeure aussi immobile, et tous deux, à trois pas l'un de l'autre, se visent pendant une minute terriblement longue ! Au moment où le taureau se précipite, Frascuelo allonge le bras et frappe. Le taureau roule à terre, mais se relève aussitôt couvert de bave et de sang, et ce n'est qu'à la troisième estocade précédée des passes de muleta, que la boucherie se termine par la mort de la bête.

Ouf !.. ... Quel soupir de soulagement ! Au risque de froisser Maures, Navarrois et Castillans, nous déclarons la chose absolument hideuse ! Et pourtant nous étions partis pour la corrida avec un enthousiasme surchauffé encore par le spectacle coloré de l'arrivée ; mais la mort du premier cheval vidé par la bête nous en a radicalement guéris et n'a laissé à la place qu'un profond sentiment d'horreur.

L'entr'acte n'est pas long, cinq minutes suffisent. Les attelages de mules accourent avec un gai carillon de clochettes, les cadavres des trois chevaux et de leur assassin sont accrochés et traînés au dehors, les paquets d'entrailles sont enlevés, et du sable est jeté sur les mares de sang.

Au moment où nous allions nous sauver, un deuxième taureau, un noir à longues cornes, fait son entrée et nous restons malgré nous.

Mêmes éventrements de chevaux, mêmes chutes de picadores. Un chulo est lancé d'un coup de tête par-dessus la barrière, sans trop de mal heureusement, et enfin mort du taureau d'un seul coup d'épée entre les deux épaules.

Cette fois, sans le moindre respect humain, nous nous sauvons ; on sourit autour de nous, c'est le moindre de nos soucis. Nous avons le temps d'apercevoir, dans les annexes de l'arène, des gens en train de charger les cadavres des pauvres chevaux sur une charrette, et de casser les cornes des taureaux à coups de masse. Par les portes de l'arène nous voyons encore les chulos courir et le troisième taureau en train d'éventrer un cheval.

Et voilà ! c'est assez pour toute une existence. Sans vouloir faire de la sensiblerie, cet abattoir féroce nous semble répugnant. Les toreros sont superbes, tant que l'on voudra, mais le supplice des pauvres vieux chevaux nous pénètre d'horreur et nous fait oublier ce que le spectacle peut avoir d'héroïque.

Avec les chevaux, les picadores seuls nous intéressent, eux aussi sont là pour recevoir les coups ; immobiles sur leurs vieux coursiers, ils attendent l'attaque du taureau, certains d'être renversés deux ou trois fois à chaque course ; alourdis par leurs bottes de zinc, ils peuvent à peine se relever, toute leur adresse consiste à tomber entre la barrière et leur cheval pour être préservés par ce rempart des cornes du taureau.

Les courses de taureaux ont leur Moniteur, le journal *le Toreo,* qui paraît le lendemain de chaque course et donne au public le compte rendu détaillé de la fête, avec de savantes dissertations sur la bonté des taureaux et sur la façon plus ou moins artistique dont ils ont été estocadés.

Il faut voir comme ils sont achetés et lus et comme les toreros en petite tenue, attablés dans les cafés sont entourés par les amateurs. Maintenant que tout est passé, l'*autre* qui a oublié les chevaux vidés, les seaux d'entrailles et de sang répandus sur le sable, a retrouvé son ancien enthousiasme pour les Corridas et prétend avoir été entraîné de force hors de l'arène.

Il va si loin dans son endurcissement que nous craignons fort qu'à notre prochain voyage à Madrid, il ne se fasse toréador! S'il veut un jour se faire recevoir membre de la société protectrice des animaux, que ceci le fasse blackboucher !

Un séjour à Madrid consiste en visites aux musées et en promenades dans les belles avenues du Prado.

Le Musée, c'est la maison de Velasquez ! Le grand maître y trône avec son escorte : le dur Ribera, le langoureux Murillo, Zurbaran, Alonzo Cano, Goya, etc.

Naturellement nous n'y toucherons pas, nous résisterons même, en faveur de ses Majas, à la tentation de dire du mal de Goya et de ses accès de folie furieuse sur toile.

Le Prado a été chanté par les poëtes et il le mérite, tant pour ses avenues et pour ses statues que pour les Mantilles de ses promeneuses, Marquesas ou simples Mañolas.

Le salon du Prado, centre de la promenade élégante, est au bout de la grande rue d'Alcala, entre deux superbes fontaines qui font jaillir et bouillonner leurs eaux, à droite et à gauche, non pas de ces affreuses fontaines parisiennes, en zinc de pendule, mais de vrais fontaines, des monuments grandioses tout en marbre blanc.

A droite c'est Cibèle, sur un char traîné par des lions, à gauche c'est Neptune, debout le trident à la main, sur une conque portant sur des roues à palette, comme en ont les bateaux à vapeur, et traînée par deux chevaux marins.

Les monuments de Madrid sont peu nombreux et les églises manquent absolument d'intérêt ; tout est moderne, il y a seulement, non loin de la puerta del Sol, une assez belle place à arcades, la Plaza Mayor, ornée de la statue de Philippe III qui la fit construire. Un de ses côtés est occupé par la Panaderia, vieil édifice de la fin du seizième siècle, qui ne manque pas de caractère.

L'immense Palais-Royal, à l'extrémité de la ville, sur une hauteur dominant le Manzanarès, est, comme tant d'autres palais, un énorme carré d'une majesté un peu ennuyeuse ; la cour d'entrée est assez belle, il est vrai que lorsque nous l'avons vue, elle était pleine de troupes : infanterie, cavalerie, artillerie.

C'était l'heure de la parade de la garde montante. Deux bataillons d'infanterie, des dragons, des lanciers, du train des équipages et deux batteries d'artillerie étaient rangés dans la cour pendant que les musiques donnaient l'aubade au roi. Après une demi-heure d'attente, la garde descendante quitta le palais d'une façon assez amusante, les musiques jouèrent une marche très lente et presque funèbre et toutes les troupes s'en furent l'arme au bras, tout doucement, levant les jambes avec une lenteur et une componction comiques.

A quinze pas du palais, changement à vue : sur un coup de clairon, les armes furent mises sur l'épaule, les fantassins allongèrent un pas accéléré tout joyeux, et la cavalerie prit le trot.

Quant au Manzanarès, il avait de l'eau.

Tolède. — Le pont d'Alcantara et l'Alcazar.

Devant la caserne.

CHAPITRE SIXIÈME

Tolède. — Nuit tolédane. — La cathédrale de San Juan de los Reyes. — Un théâtre dans une ruine arabe. — Les synagogues. — La belle Florinde. — Les palacios de Galiana.

Tolède ! Tolède ! ville mystérieuse et terrible, où tout est d'une trempe extraordinaire, même les aubergistes et les pulgas ! Salut et merci ! Toi seule as conservé les vieilles traditions castillanes, toi seule en ce monde dégénéré t'obstines à tenir tête au flot montant du Ruederivolisme universel, toi seule possèdes encore des rues fantastiques où les maisons sont jetées dans un pêle-mêle farouche avec les idées sur l'alignement du calife Abdérame.

Commettre l'imprudence pittoresque d'une arrivée de nuit à Tolède, c'est se livrer pieds et poings liés à l'aubergiste chez lequel on débarquera; cet homme de fer pourra se dispenser de mettre le moindre empressement à vous offrir un abri, il est sûr de sa proie; car on a, de la gare à la posada, circulé à travers un décor tellement terrible, tellement embrouillé, tellement cinquième acte de mélodrame, que l'impossibilité absolue de faire six pas tout seul dans la noirceur des rues a été démontrée clairement aux voyageurs les plus extravagamment aventureux.

Quelle entrée! D'abord des rochers surmontés d'un fantôme de castillo dentelé et déchiqueté, puis un autre donjon formant tête de pont à herse et créneaux, des rampes aux cailloux raboteux escaladées au grand galop des quatre mules de l'omnibus, des bouts de rues absolument noires, des mares d'encre piquées d'un malheureux réverbère aussi antique que rébarbatif, du noir en bas, du noir en haut, des grillages formidables, des ombres de balcons de fer avançant sur la rue, des maisons à l'aspect féroce, presque sans ouvertures : tel est le paysage au fond duquel surgissent de temps en temps, comme des figurants de théâtre, des ombres de passants enveloppés de manteaux et porteurs de lanternes, qui traversent silencieusement un carrefour de trois mètres, pour se fondre tout de suite dans le noir intense des petits couloirs décorés du nom de rues.

Enfin, après avoir été secoués comme une salade pendant un bon quart d'heure, par un omnibus qui s'efforçait de paraître aussi terrible que tout le reste en rendant à chaque instant des bruits de ferraille inimaginables, nous nous heurtons à notre fonda, monument non moins noir et non moins mystérieux que les autres. Personne ne s'inquiète de nous, on nous abandonne dans la cour, sachant bien que nous ne pourrons pas nous évader.

Une circonstance aggravante comble de joie l'un des voyageurs, l'affamé de couleur locale qui avait sollicité l'arrivée de nuit, la posada est pleine de monde attiré par les douces émotions d'une corrida de toros annoncée pour le lendemain.

Autre circonstance aggravante qui fait frémir le deuxième voyageur, celui qui ne veut pas faire d'excès posadesques, l'aubergiste s'appelle Sanguino!!! Il est des moments dans la vie où l'héroïsme est nécessaire, nous étions dans un de ces moments-là. Nous fûmes héroïques! Sans nous arrêter à ce que ce nom de Sanguino pouvait avoir d'inquiétant, nous acceptâmes pour chambre une sorte de crypte au rez-de-chaussée, défendue par d'énormes barreaux de fer, seul local que nous eussent laissé les amateurs de taureaux.

Passons sur cette nuit de douleurs. Le lendemain nous savions pourquoi l'aubergiste s'appelait Sanguino !

C'était notre faute aussi ; trop bien traités ailleurs, nous avions oublié notre phrase :

« Hemos venido á España, etc..... »

A Tolède elle n'eût pas été inutile. Les pulgas avaient sévi, sans compter, ô terreur, les bestioles que les convenances les plus élémentaires défendent de nommer, même en espagnol, et que par euphémisme les péninsulaires appellent *la infanteria*, par opposition aux pulgas rangées sous l'étiquette *caballeria*, deux corps d'armée qui marchent souvent de concert avec un troisième corps, les *trompetteros* ou moustiques, toujours altérés de sang.

Mais enfin il s'appelait Sanguino ! — Il fallait bien qu'il eût des raisons pour porter ce nom terrible.

Si nous n'avons pas encore vu la célèbre manufacture nationale de bonnes lames de Tolède, nous avons du moins éprouvé ses produits, car il est impossible que la cavalerie et l'infanterie dont le señor Sanguino a bien voulu nous faire les honneurs, se fournissent ailleurs qu'à la manufacture royale ; l'industrie privée ne saurait, sans des sacrifices qui sont au-dessus de ses forces, produire des pointes aussi fines et aussi sûres que celles dont l'armée de Sanguino fait usage habituellement. Ce sont véritablement des dagues de la meilleure trempe !

Pour la première fois, cette nuit-là, nous n'entendîmes pas l'odieux sereno, le gardien de nuit fauteur d'insomnies, glapir toutes les heures son horrible chanson : *la doce de la noche*, etc. Il n'y en a sans doute pas à Tolède, mais ils ont peur, ils se casseraient le cou dans les rues en moins d'un quart d'heure, ou se perdraient dans les ruelles jusqu'au jour du jugement dernier.

A cinq heures du matin, à moitié gelés dans notre crypte humide, nous sortons de chez Sanguino et, pour nous réchauffer même au prix du plus profond ridicule, nous nous élançons au pas de course dans les rues de Tolède, nous montons des escarpements, nous roulons sur des pentes, nous traversons le Tage, nous gagnons la campagne, nous jetons le désordre au sein de paisibles troupeaux de chèvres et enfin, pour achever de nous ranimer, nous allons boire de l'aguardiente avec des muletiers.

Si nous avions eu un tout petit peu de l'érudition de Sancho Pança en matière de proverbes espagnols, nous n'aurions pas évité nos malheurs, mais nous eussions au moins évité d'en être étonnés, car — on nous l'a révélé depuis — une mauvaise nuit s'appelle proverbialement en Espagne une *noche toledana !*

Oh ! sagesse des nations ! Dieu nous garde désormais de médire de toi !

De plus, deux gravures aperçues (en revenant aux vitrines de Madrid) nous en ont dit bien davantage. Oyez-en la description et frémissez !

1er *Tableau :* Un intérieur sombre et dévasté, une porte brisée, une femme, charmante d'ailleurs dans son déshabillé galant, évanouie sur un fauteuil, un homme à terre avec une dague dans le cœur, et un autre homme, farouche et l'air désagréable, celui-là, — le mari, bien entendu, — debout et brandissant une deuxième dague. Titre : *Noche toledana !*

2e *Tableau :* Une rue étroite et sombre (tout à fait celle du señor Sanguino, moins le réverbère effarouché qui dans sa solitude ose à peine y brûler la nuit) ; de hautes maisons mystérieuses, des grillages fantastiques, une lune blafarde se cachant derrière un gros nuage, du noir partout, et, dans cette ombre, deux hommes, dont un au moins a l'œil flamboyant — l'autre est vu de dos — estocadant avec fureur, de la dague et de l'épée ! Titre : *Noche toledana !*

Brrr ! ! !

Un peu remis par des exercices violents de notre noche toledana, nous revenons au pont d'Alcantara, et nous prenons un guide avant de nous engager dans le dédale inouï des rues de la ville. C'est humiliant, mais nécessaire; peut-être à l'heure

Les rues le soir.

qu'il est des voyageurs ayant négligé cette précaution à leur arrivée en 1840, errent-ils encore désespérés dans les rues de Tolède, sans pouvoir le faire connaître à leur famille.

Tolède est bâtie sur un immense rocher, escarpé, irrégulier,
crevassé, avec des fonds et des hauteurs, et presque complètement entouré par le Tage qui coule bruyamment au fond d'un
ravin rocailleux, en décrivant un grand cercle en fer à cheval

La Puerta del Sol à Tolède.

autour de la ville. Tolède, ville impériale, se vante d'être,
comme Rome, bâtie sur sept collines ; nous ne les avons pas
comptées, mais nos jambes ont pu en apprécier les douceurs,
car elles ont remarqué que l'on ne cessait de remonter un escar-
pement que pour descendre immédiatement dans un ravin.

Il y a de tout dans cet entassement désordonné de bâtiments, de remparts et de tours, grimpant aux rochers ou descendant au fond des coupures du roc ; il y a des fragments romains, des tours visigothes, d'anciennes constructions arabes accommodées au goût castillan dans les premiers jours de la conquête, des maisons du moyen âge, le tout formant un ensemble absolument dénué de coquetterie. — Ceci n'est pas un reproche, au contraire !

Ceux qui trouvent que rien n'est maussade comme les jolies villes, proprettes, soignées et ratissées peuvent se déclarer satisfaits devant Tolède ; Tolède n'est pas coquette, Tolède n'est pas gaie, les conseils municipaux trop soigneux qui nous ont abîmé tant de vieilles villes, reculeraient d'horreur à sa vue ! Il est impossible d'avoir le paysage plus rébarbatif qu'elle, c'est le moyen âge brutal et solide campé sans façon sur ses vieux rochers rebelles à toute idée d'embellissements modernes.

A première vue toutes les rues et toutes les maisons se ressemblent ; elles ont le même caractère de férocité, à des degrés différents, voilà tout. Dans ces rues qui semblent des lits de torrents desséchés, les maisons se pressent sombres, mystérieuses, presque sans ouvertures parfois, percées de rares fenêtres en haut et d'une porte farouche en bas. — Toutes les façades sont rongées et écorchées, les fenêtres et les balcons sont pourvus de belles grilles bien serrées ; de loin en loin l'ogive et l'arc arabe se retrouvent à quelques fenêtres restées dans l'état primitif, ou se devinent sous le plâtre des réparations. Quelques vieilles murailles d'églises, anciennes mosquées transformées, ont conservé des ornements arabes, de jolies fenêtres dont l'arc en fer à cheval a seulement été bouché. — Des azulejos, carreaux de faïence mauresques, se rencontrent un peu partout, appliqués dans les façades des édifices ou des plus vieilles maisons, et garnissant parfois le dessous des balcons.

Les portes surtout sont bien curieuses, ce sont de véritables portes de forteresse, à l'épreuve des arquebusades les plus violentes ; elles ouvrent généralement dans un encadrement arabe ou gothique ; leurs battants, épais comme des madriers, soutenus en dedans par de grosses pièces de bois, sont doublés des deux côtés d'une carapace de plaques de fer et garnis du haut en bas au dehors par un semis d'énormes clous de fer ou de cuivre à tête grosse comme le poing, et presque toujours curieusement ciselés dans le style arabe.

De l'intérieur des maisons on n'aperçoit guère qu'un vestibule pavé de petits cailloux et une seconde porte presque aussi solide, donnant sur le patio, la cour intérieure, presque toujours à arcades, pleine de soleil, de fleurs et de verdure, aussi charmante que la maison extérieure est lugubre. Soulevez, si vous pouvez, le lourd marteau de ces portes de prison, et derrière la sombre façade un coin féerique apparaîtra. Ces mirifiques portes sont bien éprouvées par les années ; elles ont, pour la plupart, autant de pièces et de morceaux qu'un manteau de mendiant et par endroits le bois pourri remue dans sa doublure de fer. N'importe, elles tiendront encore de longues années avec leur garniture de clous et en ajoutant par-ci par-là quelques briques aux façades écornées, en rajustant quelque balcon tremblant, les fortes maisons d'autrefois dureront longtemps après que les nôtres auront été réduites en poudre.

Décidément il est impossible de rêver plus splendides coupe-gorges que ces rues aux effrayants zigzags ; la palme de la férocité, offerte successivement à chacune, est toujours revendi-

Une maison à Tolède.

quée par quelque calle plus diabolique. Voilà donc pourquoi les habitants avaient si bien perfectionné l'acier de leurs dagues ! on comprend que, pour prendre seulement l'air du soir sur le pas de leur porte, ils étaient obligés d'endosser une armure à l'épreuve et de ceindre une ou deux colichemardes bien trempées.

Les deux ponts qui traversent le Tage aux extrémités du fer à
cheval décrit par le fleuve, le pont d'Alcantara et le pont San

Ancienne prison de la sainte Hermandad,

Martino, tous deux arabes, sont des monuments de grande hardiesse et de noble allure. Chacun d'eux se compose d'une grande

arche très élégante et de deux petites soutenues par de robustes piles.

Le pont d'Alcantara est le trait d'union de deux rochers très rapprochés, le rocher de Tolède et le rocher couronné par le castillo ruiné de San Servando, entre lesquels il n'y a place que pour le Tage très encaissé, et pour une route poussiéreuse, toujours sillonnée de muletiers, ombragée, vers la station du chemin de fer, par quelques maigres arbres et par quelques statues bien écornées, parmi lesquelles celle du grand roi goth Wamba, qui fortifia la ville de remparts encore en partie debout aujourd'hui.

Le castillo de San Servando étend sur toute la crête de la colline ses tours et ses remparts ruinés ; tout à fait au pied du rocher débouche le pont, orné d'un côté d'une porte arc de triomphe du temps de Charles-Quint, et défendu à l'autre extrémité par un grand donjon de la plus fière tournure, une haute et sombre tour à pans coupés, pourvue d'un avant-corps dont les créneaux se raccordent aux longues lignes de remparts, ruinés par endroits, qui s'accrochent aux rochers de la ville et descendent d'étage en étage sur toutes les saillies du roc.

Au-dessus de la porte se dresse un assemblage imposant et confus de grands bâtiments, églises, vieux couvents, parmi lesquels le grand hôpital Santa Cruz, dominant une petite coupure transversale pleine de maisons serrées au pied de l'énorme masse carrée de l'Alcazar.

Dans l'immense tableau que l'on voit par-dessus les parapets du pont d'Alcantara, pas un brin d'herbe, pas une touffe de verdure ne vient reposer l'œil par un peu de fraîcheur. Tout est roc et pierre, de vieilles pierres rousses effritées, devenues roc elles-mêmes, et des rochers brûlés par le soleil, fendillés de mille cassures nettes, aussi desséchés au fond du ravin, aux endroits léchés par le Tage, qu'au sommet de la colline.

O *bords heureux du fleuve du Tage*, vous êtes une figure poétique assez aventurée ! en disant bords poudreux, la rime y était tout de même, et la romance n'eût pas choqué la vraisemblance, du moins à Tolède.

Des blocs de rochers et des bâtiments ruinés encombrent le lit du fleuve; une de ces grandes ruines au-dessous du pont est la carcasse de l'artificio, une antique machine analogue à notre machine de Marly, qui servait jadis à élever l'eau du fleuve pour la distribuer en ville.

L'autre pont, l'extrémité opposée de la ville, le *puente San Martino*, présente également le même caractère de hardiesse et de grandeur dans un paysage aussi imposant.

L'entrée de Tolède de ce côté est aussi théâtrale que l'autre. Le pont lui-même est plus élancé, ses arches ogivales, plus hautes, s'appuient sur des robustes piles moussues ; en tête du pont s'élève un gros donjon à créneaux pointus, massif et presque sans ouverture; une petite voûte obscure, à l'arcade mauresque, donne entrée sur le pont que défend à l'autre extrémité un deuxième donjon relié par une ligne de remparts aux grandes fortifications qui couronnent la colline. Une troisième porte se distingue un peu plus en arrière et, dans le haut, se dressent sur un monticule l'église et le couvent de Saint-Jean des Rois.

Un peu au-dessous du pont Saint-Martin les vieux remparts

à tours rondes descendent au bord du Tage jusqu'aux ruines d'une petite tour carrée située presque dans le fleuve. C'est aux meurtrières de cette tour de garde, maintenant ouverte par de larges brèches et couronnée de mousse, que se tenait le roi Rodrigue, le dernier roi visigoth, lorsqu'il regardait Florinde, la fille du comte Julien, prendre ses ébats dans le Tage avec ses compagnes, petite indiscrétion qui lui coûta son royaume et fut la cause première de six siècles de guerre.

Rodrigue avait trop admiré pour ne pas sortir amoureux de sa tour ; il enleva Florinde ; et le comte Julien, furieux de l'outrage, livra l'Espagne aux Maures. Il ne demandait qu'un faible secours pour l'aider à renverser Rodrigue, mais bientôt sous les ordres de trois généraux Tarik, Mousa et Abd-el-Asiz une inondation arabe, un véritable débordement du monde asiatique et africain se répandit sur l'Espagne, broya les armées, emporta les villes et en moins de cinq ans établit la domination de l'Islam sur presque toute la Péninsule.

Bien que le comte Julien, désespéré, eût expié son crime en s'ensevelissant vivant dans un cercueil plein de vipères, l'exécration des chrétiens se porta jusque sur la pauvre Florinde et si violemment que l'endroit fatal s'appelle encore aujourd'hui Baños de la Cava, les bains de la Mauvaise.

Ici le roc de Tolède est moins âpre, des plaques de mousse et des touffes d'herbes rudes ont trouvé le moyen de pousser ; et du côté de la campagne on aperçoit de la vraie verdure. Ce grandiose et historique paysage est assez mélancolique ; à part les muletiers et les mulets qui passent de loin en loin, une profonde solitude règne sur le pont lui-même et sur les rem-

Tolède. — Le pont Saint-Martin.

parts où nous nous installons pour le dessiner à l'aise.

Le vieux pont solitaire, doré et comme illuminé par un vif soleil, dresse fièrement ses hautes arches et ses deux donjons ; son ombre dessine sur le Tage un peu ensablé un deuxième pont gigantesque ; pas un bruit ni sur la route, ni sur la rivière sauf le tintement doux et clair de la sonnette que porte au cou la maîtresse chèvre d'un troupeau qui déjà se perd avec son vieux berger aux vêtements de peau, dans un nuage de poussière blanche.

Tolède possède encore quelques-unes de ses portes arabes ou gothiques, la puerta del Cambron, la puerta de Visagra et enfin la célèbre Puerta del Sol.

Cette porte est un superbe morceau arabe un peu trop restauré par malheur. Elle ne sert plus, la rue passant au pied de ses tours au lieu de passer sous sa voûte. Quand le temps aura mis sa patine sur ses pierres blanches, l'ensemble sera plus harmonieux et se raccordera mieux avec les vieilles constructions qui l'entourent. Entre deux tours, une tour d'angle ronde et une tour carrée reliée aux murailles, la puerta del Sol ouvre son antique arcade en fer à cheval surmontée de deux étages de fausses galeries aux arcatures entre-croisées.

Des petites logettes crénelées sont suspendues en encorbellement aux flancs de la tour ronde, malheureusement l'ensemble trop fraîchement fait est terne et monochrome.

Il y a deux portes de Visagra : la première est arabe comme la Puerta del Sol, la seconde est castillane et se compose de deux grosses tours rondes, réunies par une muraille presque entièrement prise au-dessus de la voûte, par un bas-relief gigantesque par l'aigle à double tête de Charles-Quint, colossal et farouche comme l'empire géant du prince.

C'est par la première porte de Visagra que, le 24 mai 1085, Alphonse VI, roi de Castille, entra dans Tolède, après quatre années de siège et de blocus étroit pendant lesquelles il avait ravagé tous les alentours de façon à empêcher le ravitaillement d'une ville qu'il était impossible d'emporter par la force.

La tradition rapporte qu'Alphonse, réfugié à la cour du roi maure Almamoun, entendit un jour un des généraux d'Almmamoun dire que le seul moyen de prendre Tolède était de ravager systématiquement la province pendant plusieurs saisons de suite. Plus tard quand il eut en main le sceptre de Castille, il se souvint du moyen, après avoir attendu toutefois la mort de son ancien hôte.

Tolède peuplée à la conquête par des contingents venus des steppes de la Perse et des déserts de l'Arabie avait subi la domination musulmane pendant 370 ans.

Il faut choisir parmi les innombrables monuments ou fragments de monuments, parmi les ruines arabes ou visigothes aux souvenirs légendaires et parmi les simples curiosités d'une ville riche à faire pâmer un congrès d'archéologues, en débris des siècles passés. Après avoir vu les ponts, et fait, autant que cela se pouvait faire, le tour de la ville, pour visiter les portes, nous commençons à explorer l'intérieur sur les pas de notre indispensable guide tolédan.

La cathédrale reçoit notre première visite. C'est la seule des églises de Tolède que nous ayons pu trouver tout seuls, en descendant au hasard les raides ruelles qui sillonnent les pentes de l'Alcazar. Depuis longtemps déjà nous avions aperçu au-dessus des toits sa belle tour gothique, et sa flèche hérissée de pointes de fer ; nous n'eûmes donc qu'à mettre le cap sur elle et à tâcher de ne pas la perdre de vue.

La cathédrale est un édifice très irrégulier, présentant une as-

Le clocher de la cathédrale.

sez grande diversité de styles ; ses principales beautés extérieures sont la tour et le grand portail ou puerta del Pardon, un charmant et délicat morceau d'architecture, un peu écrasé entre la grande tour et la petite tour à coupole de la chapelle Moza-rabe.

Ce grand portail se divise en trois portes ogivales, deux petites et une grande, séparées par deux petites tourelles carrées, ciselées comme des bijoux et décorées de plusieurs garnitures de statues placées dans des niches très ouvragées ; la même profusion de statues allégoriques ou bibliques se retrouve aux autres portes de l'église et sur les côtés.

La grande tour qui s'élève massive et rayée seulement de longues cannelures à ogive jusqu'à la première plate-forme, devient, à partir de là, beaucoup plus aérienne ; en retrait de la balustrade, un très élégant clocher octogonal se dresse flanqué d'aiguilles de pierre et découpé sur chaque face par une haute et légère fenêtre à colonnettes, et le tout est terminé par une flèche pyramidale coupée de trois couronnes de grands piquets de fer figurant des couronnes d'épines, qui lui donnent une physionomie particulière.

L'intérieur est digne de la magnificence du dehors. Pour les ciselures de ses pierres, Tolède peut rivaliser avec Burgos. La capilla Mayor surtout au milieu de la grande nef déborde de richesses ; une demi-douzaine de tombes royales sont rangées devant un retable d'autel fourmillant de statuettes et d'ornements.

Derrière ce retable, un autre autel se trouve plaqué, autel célèbre appelé le *Transparent*, parce qu'il est à jour sur certaines parties. Cet autel est une œuvre folle du XVIII° siècle qui jure par son Pompadour étrange, avec les sculptures gothiques et les hauts piliers qui l'avoisinent ; ses marbres de toutes les couleurs, ses rayons dorés, ses rinceaux contournés, et ses nuages chargés d'une ribambelle de jolis petits anges qui sont des amours, n'ont rien de sévère, et les coquettes vierges de marbre placées dans des niches du rococo le plus pur semblent avoir été esquissées d'après Boucher.

Une des curiosités de la cathédrale est la chapelle Mozarabe, réservée au vieux culte mozarabe, qui diffère légèrement du culte romain. Le nom de Mozarabe, ou demi-arabe, était donné jadis aux chrétiens qui continuaient d'habiter les royaumes conquis par les Maures.

A Tolède même les Arabes leur avaient laissé la libre disposition de six églises. Lorsque la ville fut reprise par les chrétiens, les rituels et les cérémonies de leur culte n'étaient plus d'accord avec les rituels en usage dans le reste de la chrétienté, ce qui fut l'occasion de longues et orageuses discussions entre les deux clergés. Il y eut, à la fin, épreuve solennelle par le feu, les deux rituels furent jetés dans un bûcher dressé sur la place Zocodover, et le livre Mozarabe étant sorti intact, le culte obtint la permission de vivre dans les six anciennes paroisses.

Non loin d'un immense saint Christophe peint sur la muraille, une porte donne sur le cloître de la cathédrale, un charmant petit jardin plein de fleurs poussant en liberté à l'ombre de la grande tour. Ce cloître est le côté le plus gai de l'église, les enfants y jouent, les mendiants y dorment, les bourgeois se promènent sous les galeries aux arceaux gothiques décorées de grandes fresques peu recommandables.

Après la cathédrale, la plus remarquable église de Tolède est San Juan de los Reyes, à côté du pont Saint-Martin. San Juan de los Reyes s'appelle ainsi en souvenir de ses fondateurs.

Leurs Majestés catholiques Ferdinand et Isabelle, qui l'ont bâtie en commémoration du triomphe remporté à la bataille de Toro, sur le roi de Portugal, leur compétiteur au trône de Castille. C'est véritablement une église royale, aux murailles semées d'initiales et d'inscriptions en l'honneur des rois, et

A Santa Maria la blanca.

décorées d'immenses écussons supportés par des aigles gigantesques.

Extérieurement l'église est, à une certaine hauteur, garnie sur tout son pourtour d'un singulier genre d'ornements, de grosses chaînes de fer provenant des prisonniers chrétiens délivrés à la prise de Malaga en 1487 par les armées des rois catholiques.

A l'église un couvent était attaché ; ce couvent est devenu
le musée provincial, si l'on peut appeler musée une grande
salle où des quantités de vieux tableaux décolorés sont accrochés au mur ou adossés dans les coins pêle-mêle avec des
statues en ruines et des fragments informes de sculptures. Ce

Baños de la Cava.

n'est pas pour le musée que l'on vient, c'est pour le cloître, un
véritable bijou architectural, abritant une forêt vierge de rosiers et de grandes fleurs.

Les arceaux forment une admirable galerie de pierres découpées en trèfles et en rosaces comme un vieux morceau de
guipure artistique. Chaque pilier sous la galerie est orné d'une

statue sous un dais fleuronné, mais bien des sculptures sont brisées, la plupart des statues ont perdu, dans les guerres, dit-on, quelques parties assez importantes, la tête ou les bras, quand ce n'est pas la moitié du corps ; et les colonettes des arceaux sont souvent amputées de leur chapiteau.

C'est presque une ruine, mais la plus ravissante ruine et la plus fleurie qu'il soit possible de voir, mille lianes grimpantes entre-croisent encore les découpures des arceaux, de grands rosiers passent par les trèfles et projettent des rameaux fleuris dans le cloître ; partout dans le jardin, autour du puits, autour des colonnes, c'est le même ruissellement de fleurs.

Nous en rapportons un bouquet de roses, ce qui nous fait connaître un genre de mendicité plus aimable que celui qui fleurit en ville ; tout à l'heure nous étions suivis d'une bande d'enfants criant pour avoir des sous, maintenant les petites filles du quartier nous assiègent et nous demandent : Una rosita, señor ! jusqu'à parfaite distribution.

A côté de San Juan se trouve Santa Maria la Blanca, ancienne synagogue transformée en église au quinzième siècle ; — sans guide on ne pourrait la découvrir, car elle n'a rien de monumental à l'extérieur et ne se distingue en aucun façon des maisons du quartier. Une pauvre porte donne accès dans un petit jardin au fond duquel se trouve la pauvre maison abritant des merveilles intérieures. On ne peut retenir, en entrant, un cri d'admiration : l'édifice est une grande salle divisée en plusieurs nefs par des rangées de petites colonnes octogonales supportant des arcs arabes. Tout est blanc, sauf les ornements, les chapiteaux des colonnes formés d'un entrelacement de branchages et de guirlandes, les rosaces entre les arcs et la grande frise à lignes régulières qui règne sur le tout.

L'œil est ébloui par la grâce et la fraîcheur de l'ensemble. Cette synagogue était pour l'esprit un merveilleux lieu de repos, contrastant extraordinairement avec nos cathédrales terribles et tourmentées où tout parle des rigueurs effroyables que le ciel réserve au pauvre pécheur courbé sur les dalles, s'il ne parvient à le fléchir à force d'austérités.

Tout près encore une autre synagogue, Nuestra Señora del Transito, pas plus apparente au dehors que Santa Maria la Blanca, est à visiter ; c'est une fondation de Samuel Lévi, le riche trésorier du roi Pedro le Cruel, lequel lui avait laissé amasser d'immenses richesses comme réserve pour lui-même et qui ne manqua pas de le faire mettre à mort quand sa fortune en valut la peine.

Cette synagogue n'a pas les colonnades de Santa Maria, c'est une grande nef unie, éclairée par une galerie supérieure de petits arceaux curieusement fouillés, où se tenaient cachées les femmes juives pendant les cérémonies.

. Les ornements de style arabe sont semés de blasons aux armes de Castille. Dans le fond, à côté d'un autel chrétien, la muraille est occupée par de grandes décorations de stuc, où les capricieux entrelacs arabes se mêlent aux ornements go-thiques, et aux inscriptions en caractères hébraïques. Le pla-fond est en bois de cèdre finement découpé de compartiments aux lignes entre-croisées.

Parmi les restes de l'époque arabe, on nous fit visiter dans une grande maison noire, une salle peu vaste, aux murailles couvertes d'arabesques dans le genre des décorations de l'Alhambra; salle de palais ou nef de mosquée, cette salle est maintenant transformée en théâtre, le fond est occupé par la scène et une petite galerie a été accrochée au mur pour les spectateurs des deuxièmes. Horreur ! l'atroce rideau de la scène, barbarement exécuté, s'étale à côté des ornements délicats de l'art arabe et des devises en l'honneur d'Allah.

Une représentation là dedans doit être lugubrement bouffonne. S'imagine-t-on les amateurs de la ville et les clarinettes d'une société philharmonique s'escrimant dans cette ruine mauresque, hantée peut-être par les spectres des brillants guerriers maures et de leurs nombreuses épouses à l'éclatante parure ?

Le Taller del Moro est une autre ruine arabe un peu plus importante, consistant en plusieurs salles lambrissées d'arabesques d'une richesse inouïe ; une petite porte surtout offre une arcade merveilleusement travaillée. Ces admirables salles qui abritent maintenant un atelier encombré de pierres et de poutres, ont été le théâtre d'un drame sanglant dans des temps bien reculés, au commencement du neuvième siècle. Au temps d'Al-Akem, roi de Cordoue et Tolède, quelques troubles ayant éclaté à Tolède pendant que les armées maures combattaient dans le nord les Espagnols et les Français, le gouverneur de cette ville, après avoir rétabli l'ordre, donna, dans le Taller del Moro, un repas aux principaux habitants.

Les invités, arrivés sans défiance, étaient aussitôt saisis et décapités dans une salle souterraine ; au matin, quatre cents têtes formant une garniture sanglante aux créneaux du palais,

donnaient au remuant peuple de Tolède un terrible avertissement.

L'Alcazar de Tolède, malgré son nom arabe, n'est pas arabe

Dans le cloître de San Juan de los Reyes.

du tout, c'est Charles-Quint qui l'a bâti; du véritable alcazar
mauresque, il ne reste que des substructions et des ruines en-
clavées dans le massif de couvents qui domine le pont d'Alcantara. — Ces fragments s'appellent encore le palacio de

Galiana, une autre Tolédane légendaire comme Florinde, la fille du comte Julien.

La belle Galiana était fille du roi Alfhari, qui lui avait fait bâtir en ville un palais sur l'emplacement du château visigoth, et dans la campagne, un autre dont les ruines sont encore à peu près debout à quelque distance hors de la ville.

Les légendes et les traditions abondent sur la belle Mauresque ; il paraît que le bruit de sa beauté étant parvenu jusqu'à l'empereur Charlemagne, celui-ci vint à Tolède, et combattit sous les bannières du roi Alfhari dans une guerre contre le calife de Cordoue.

Galiana, touchée de ses exploits, donna son cœur au guerrier franc. Mais il y avait un rival, le farouche Bradamant, roi maure de Guadalajara ; Charlemagne naturellement s'en fut l'occire et, rapportant sa tête au roi de Tolède, en obtint aussitôt la main de Galiana.

L'alcazar de Charles-Quint est un immense édifice carré, flanqué de quatre hautes tours également carrées ; il est imposant surtout par sa masse qui domine toute la ville. Ruiné a plusieurs reprises par la guerre, il vient d'être restauré et converti en collège militaire. Outre sa grande cour, quelques détails sont à remarquer, par exemple une porte d'entrée d'un noble style, décorée du grand aigle impérial dans un fronton gardé par deux statues de hérauts d'armes.

C'est ici qu'expira la grande révolte des communeros de Castille, contre le despotisme royal ; les défenseurs des libertés nationales ayant été vaincus à Villalar et leur chef Juan de Padilla, décapité, la municipalité de Tolède et l'héroïque veuve de Padilla, Maria Pacheco soulevèrent le peuple, et, sans espoir et sans peur, défendirent pendant trois mois leur ville et leur alcazar contre les lansquenets de Charles-Quint.

Tout à côté de l'alcazar un autre superbe édifice, l'hôpital Santa Cruz appartient également à l'école militaire. C'est une ancienne maison d'enfants trouvés, *casa de niños expositos*, fondée à la fin du quinzième siècle par le cardinal Gonzalez de Mendoza. Il y a dans la façade de l'édifice des détails ravissants, une porte et des fenêtres d'une fabuleuse richesse d'ornements

Un mendiant.

où l'élégance de la renaissance, en train d'éclore, s'allie aux découpures de l'art gothique.

La partie un peu vivante de Tolède est la longue rue qui va sous des noms différents de la place de Zocodover à San Juan de los Reyes ; la place de Zocodover, place du marché, de son nom arabe, est la plus grande des rares places de Tolède ; c'était et c'est encore le centre de la vie de Tolède, les émeutes mauresques ou castillanes s'y préparaient ; aux temps où Tolède comptait plus de 200,000 habitants au lieu des 17,000 d'aujourd'hui, la foule s'y pressait toujours pour quelque fête ou pour quelque intéressant autodafé. Aujourd'hui c'est la place des diligences, qui ne pourraient pénétrer plus loin dans la ville faute de place.

Nous l'avons vue pleine de monde aussi, garnie de paysans du marché, d'amateurs de corridas de toros, et surtout de conscrits accompagnés de leurs familles. Les costumes sont moins

Une fenêtre de Santa-Cruz.

beaux qu'à Burgos ou Avila, il y a surtout beaucoup de vestes et de culottes courtes ouvertes sur le genou et laissant voir des caleçons blancs. Quelques paysans laissaient pendre sous la culotte courte leurs très larges caleçons de toile blanche jusque sur les talons, ce qui leur donnait, avec leurs immenses chapeaux plats, une apparence de Mexicains.

Le hasard de nos courses nous conduisit ce jour-là, devant une caserne établie au milieu des ruelles dans une vieille maison, juste au moment où les pauvres conscrits y étaient écroués. Les parents qui les avaient accompagnés jusque-là

n'avaient plus que la consolation de les entrevoir aux fenêtres,
aussi la rue retentissait-elle de lamentations lugubres. Devant
la caserne une femme tout en noir, assise par terre, la tête
presque couverte, criait sans pleurer et sans se lasser : Querido ! querido ! mi hijo !..... Mon chéri, mon chéri, mon fils !

Un lavoir à Tolède.

Toutes les consolations de ses compagnons d'infortune étaient
inutiles, elle semblait ne voir et n'entendre personne et conti-
nuait sa lamentation d'un air désespéré. Le soir, à Castillejo,
embranchement de la grande ligne d'Andalousie, nous avons
retrouvé la même femme, assise sur la voie de la même façon,

9

sans bouger, les yeux vagues et regardant tout avec une tristesse farouche.

Ainsi qu'à Burgos les mendiants pullulent, mais ils n'ont pas leur beauté; ils se modernisent et renoncent aux culottes courtes de leurs aïeux. Cependant une tribu de vieilles bohémiennes vaguant par les rues ne manquait pas de couleur, avec leurs jupes jaunes en guenilles et leurs têtes bronzées par le soleil, couvertes de forêts ébouriffées de cheveux noirs ou blancs.

Une autre rencontre charmante fut celle d'une troupe de galériens, revenant en traînant la chaîne, de chercher la provision d'eau du bagne sous la conduite de quelques soldats. Tolède possède un presidio, une grande maison à peu près comme les autres, se distinguant seulement de ses voisines par un certain luxe de factionnaires. Ces galériens n'avaient aucunement la mine triste, ils bavardaient comme un pensionnat en promenade; n'étaient le bruit des chaînes et leur pas lourd, on pouvait les prendre pour d'aimables jeunes gens rentrant dans leur collège.

L'Ayuntamiento ou hôtel de ville de Tolède est situé sur une petite place en face de la cathédrale. C'est un bel édifice à colonnade, élevé sur une petite terrasse en avant-corps, entre deux tours carrées à haut clocheton pyramidal.

La célèbre fabrique d'armes, manufacture royale, est à quelque distance hors de la ville. C'est elle qui fournit les sabres et les baïonnettes de l'armée espagnole.

Hélas! Que diraient les Tolédans du bon vieux temps! en ville les seules dagues qui se fabriquent encore dans la rue habitée jadis par les célèbres maîtres espaderos, les seules et dernières lames de Tolède sont des épingles de châle ou de cravate, de jolis petits sabres ou poignards arabes, ciselés et niellés avec beaucoup de goût.

Dans les innombrables petites ruelles de la ville, que de curiosités à découvrir si le temps ne manquait pas et surtout si, nourri pendant quelque temps dans le sérail, on pouvait apprendre à en connaître les détours ! Dans une ville comme Tolède il y a de tout, il ne s'agit que de chercher. L'étranger de passage doit se contenter de quelques intérieurs entrevus, une vieille cour arabe, un lavoir établi au fond d'une cour couverte d'une vigne en berceau, sous un hangar que soutiennent des colonnes provenant de quelque palais visigoth, plus loin un reste de couvent transformé en auberge, etc. Tous les quartiers regorgent de curiosités archéologiques que le hasard des promenades peut seul faire découvrir.

Une curieuse transformation est celle d'une ancienne prison de la Santa Hermandad d'abord et de l'Inquisition ensuite, devenue posada. La façade est assez peu attrayante, c'est dans un angle de muraille, une haute porte verte à gros clous ouvrant entre deux colonnes presque corinthiennes ; une grande arcade ogivale la surmonte, encadrant une fenêtre aux barreaux serrés. L'enseigne « Posada de la Hermandad » est inscrite sous un grand écusson flanqué de deux figures en bas-relief qui sont probablement des archers de la Santa Hermandad, la puissante milice organisée par Ferdinand le Catholique pour purger les routes des brigands de toute classe.

Tout le décor du moyen âge; tous les vestiges du passé, tours, palais, maisons, etc., sont si bien conservés à Tolède que l'on n'est pas trop surpris de se voir entre les mains de la monnaie du treizième siècle. La petite monnaie arabe y sert encore ; voici que l'on vient de nous rendre des pièces arabes portant les dates de 1250, 1269 et 1276 ! six cents ans de circulation, c'est joli.

Ces simples maravedis ne sont pas faux, au moins ; on n'a pas besoin de les éprouver avant de les accepter, suivant l'habitude forcément prise à la suite de quelques erreurs monétaires. Quelle jolie musique ! le bruit de l'argent retentit d'un bout de l'Espagne à l'autre, c'est la monnaie que l'on fait sonner pièce à pièce et plutôt trois fois qu'une, avant de la recevoir, car le faux monnayage est une industrie très répandue et très florissante ; et il est bon à savoir que si l'on ne tient pas à former vite une collection de pièces, artistiques peut-être, mais malheureusement dénuées de valeur intrinsèque, il faut faire comme tout le monde.

Ligne d'Andalousie.

CHAPITRE SEPTIÈME

Aranjuez. — Une petite excursion dans la Sierra Morena.

En quittant Tolède, quelques heures furent consacrées à Aranjuez, la résidence royale, assise dans un site plein de fraîcheur, au milieu des grands arbres, oasis délicieuse après les plaines desséchées des environs de Madrid. Le Tage ici a des bords fleuris, il a droit à des excuses de notre part.

La ville d'Aranjuez est un simple bourg, très peu habité quand la cour n'y est pas. La grande place est entourée d'une galerie circulaire, une longue colonnade qui se poursuit jusqu'au château. Ceci est un souvenir de don Manuel Godoï, prince de la Paix, qui la fit construire pour se rendre à couvert chez Leurs Majestés.

Le palais avec sa grande façade blanche et rouge, ses pavillons et ses grands toits, est réellement fort beau et noblement encadré par les belles avenues d'un grand parc aux arbres magnifiques.

Sous ces grands arbres un tableau pittoresque : une troupe de bohémiens était campée avec ses ânes, ses femmes débraillées et ses enfants à demi nus.

C'est à la gare d'Aranjuez que nous avons, pour la première fois, fait connaissance avec le marchand de navajas, présent à tous les trains de jour et de nuit, et offrant de wagon en wagon ses instruments pointus.

— *Pugnalero ! Navajero !.....*

Ce brave marchand de poignards avait un véritable arsenal à la ceinture : des poignards de Tolède à fourreau de velours, des pugnals grossiers, couteaux à large lame terminée en petite lancette, des navajas de toute taille, depuis la navaja de poche jusqu'à la grande navaja mesurant un mètre cinquante étant ouverte, décorée de paillon rouge imitant le sang, ornée sur la lame de dessins à l'eau-forte et de devises plus féroces les unes que les autres, parmi lesquelles la devise classique que les couteliers d'Albacete inscrivent sur toutes leurs lames :

> Si cette vipère te pique,
> Pas de remède en la boutique !

Ce rasoir gigantesque valait deux cents francs. Ces féroces navajas sont plutôt faites pour la satisfaction du voyageur dé-

sireux de rapporter des petits souvenirs que pour les Espagnols, car, malgré les clichés qui représentent invariablement
tous les Espagnols avec un grand couteau à la ceinture, nous
n'en avons pas vu un seul arborant la navaja nationale, même
vers Grenade, Jaen et Murcie.

Maintenant, les señoras en portent-elles à la jarretière
comme le bruit en a couru? Grave question sur laquelle nous
ne pouvons apporter aucune lumière.

Si dans certaines gares on vend des poignards, il en est
une où le voyageur reçoit, en s'arrêtant, des vers en pleine poitrine. La station du chemin de fer d'Andalousie ainsi vouée
à la poésie est Manzanarès.

Une vieille femme, grande et digne d'allures, aveugle comme
Homère, va de wagon en wagon, en improvisant des vers, soit
spontanément, soit sur un sujet donné. — Il y a déjà de longues années qu'elle est là attendant les voyageurs, jadis aux
diligences et maintenant au chemin de fer ; Théophile Gautier
en parle dans son voyage de 1840.

En allant de Grenade à Murcie, nous repassâmes par un train
de nuit dans cette station ; l'aveugle de Manzanarès était encore
là, et nous fûmes réveillés par un quatrain en notre honneur
scandé avec un bel accent.

Nous étions dans la Manche, la patrie du bon chevalier de la
Triste Figure. — Déjà à l'embranchement de la ligne de Car-
thagène nous avions pu apercevoir sur la gauche la Sierra de
Molinos de Criptana, c'est-à-dire une ligne de mamelons cou-
verts de moulins à vent qui sont tout simplement ceux que
Don Quichotte combattit avec tant de rage.

Après les molinos de Don Quichotte, le train s'est lancé tout droit à travers les plaines de la Manche, grises, poussiéreuses et surtout interminables. — Heureusement l'Andalousie, notre terre promise, est de l'autre côté, elle nous paraîtra plus riante et plus ensoleillée.

Quelques stations connues en passant : Valdepeñas où le voyageur doit faire une libation du vin célèbre et Santa Cruz de Mudela, rivale d'Albacète, célèbre pour ses navajas et par ses ligas, jarretières brodées de devises galantes. Ces deux articles de fabrication ainsi associés nous induisent à penser qu'ici probablement on pourrait nous renseigner sur l'ancienne habitude du poignard à la jarretière.

Contre notre attente on ne vend pas de jarretières à la gare, des pugnaleros nous offrent des couteaux nombreux et c'est tout. Pas de ligas et, partant, pas de devises.

Ensuite vient Almuradiel, un joli nom et un site un peu moins triste que les précédents. Ce village est une des nuevas poblaciones, colonies fondées au siècle dernier par Charles III pour peupler les solitudes de la Sierra et rendre les passages moins dangereux aux voyageurs.

Les premiers escarpements de la Sierra-Morena, aperçus après quelques heures de chemin de fer à travers ces tristes plaines, sont salués avec un véritable bonheur. Enfin nous allons laisser derrière nous ces interminables déserts pelés, sans eau, sans arbres, sans routes, et presque sans villages, où la population visible se réduit, hélas, à des nuées de malheureux mendiants qui assiègent le train à chaque station, avec des «Una limosna, señor, por Dios! » et de lamentables « Señorito, Señorito ! »

Dans le défilé du Despeñaperros.

Ce refrain nous poursuivra plus loin, mais dans ce cadre lugubre la misère paraît plus noire et plus profonde.

En même temps, les éternels gendarmes que dans toutes les gares on voit se promener la carabine sur l'épaule, deviennent plus nombreux, et leur surveillance est plus active. Depuis Alcazar de san Juan, nous voyageons avec des guerriers chargés de veiller sur nos jours ; ils descendent à chaque station et sont remplacés par d'autres, qui passent une inspection sérieuse du train avant de monter.

La Sierra-Morena jouit d'une antique mauvaise réputation, c'est universellement connu ; elle a possédé jadis les plus belles bandes d'écumeurs de grande route de toutes les sierras de l'Espagne, et s'enorgueillit d'avoir abrité dans son sein de braves bandits parvenus à la célébrité par leurs travaux.

Elle est aujourd'hui bien déchue de son antique splendeur ; cependant, en avançant dans sa direction, nous remarquons sans trop d'étonnement, que certaines gares sont pourvues d'une petite caserne habitée par quelques hommes de la garde civile.

De gendarmes en gendarmes, nous arrivons en pleine Sierra. Justement, au plus beau point de la ligne, entre Venta de Cardeñas et Santa Elèna, un tunnel s'est écroulé, au beau milieu du défilé des Despeñaperros, le site le plus féroce, le plus romantique et aussi le plus malfamé autrefois de toute la Sierra. En raison de cet accident, les voyageurs doivent subir un transbordement, et gagner l'autre côté de la montagne en traversant le fameux défilé.

Ceci est un véritable coup de chance permettant de faire une superbe excursion dans cette sierra peu fréquentée, où les gens d'expérience comptaient encore, il n'y a pas bien longtemps, les voleurs au kilomètre. La Sierra-Morena ou quarante kilomètres de voleurs, pour faire pendant à Ali-Baba !

L'ancien temps des voyages à dos de mulet est passé, et c'est heureux, car, après Venta de Cardeñas on a encore, nous disent les Espagnols de notre wagon, quarante-cinq kilomètres de voleurs devant soi : les précautions prises sur la ligne n'ont plus rien qui surprenne.

Un peu après cette Venta de Cardeñas, auberge qui doit sa célébrité à don Quichotte, et dans laquelle nous sommes satisfaits de ne pas coucher, le train s'arrête en vue des rochers du défilé, devant un poste de gendarmes établi sur les ruines d'une autre venta.

Le train seul doit passer sous le tunnel malade ; tous les voyageurs descendent avec leurs bagages et vont s'entasser dans une quinzaine de pataches, diligences, omnibus, voitures de paysans à fond de cordages, tous véhicules vénérables, attelés chacun de six ou huit mulets.

La scène est jolie, et le paysage rocailleux déjà superbe promet des surprises. Pour ajouter encore un peu de couleur, un gendarme et sa carabine montent sur chaque voiture et s'installent à côté du cocher.

Toute la caravane étant prête : En avant !... Les coups de fouet claquent, les mules cabriolent, se bousculent, agitent leurs pompons, font tinter leurs sonnettes et partent au grand galop parmi les tourbillons de poussière.

L'intérêt commence aussitôt. Le chemin tourne, serpente

le long des rochers, décrit des boucles au-dessus des ravins,
qui se transforment bien vite en précipices encombrés de blocs
de rochers jaunis et verdis par la mousse. Le vent chassant les
nuages de poussière, découvre de temps en temps notre avant-
garde de petites voitures déjà parvenue à l'entrée du défilé proprement dit, ou bien notre arrière-garde cahotante que les conducteurs font avancer à grands coups de fouet; un autre coup
de vent survenant voile le tout d'un nuage de poussière dorée.

Un voyageur.

Si nos mules s'emportaient aux tournants de la route taillée
en corniche, quel joli plongeon dans les ravins à pic! Le
paysage devient plus sauvage et plus grand. Voici la grande
ouverture de la Sierra, la porte de l'Andalousie, immense cre-
vasse dominée par des rochers gigantesques. Nous roulons sur
une mince petite ligne pratiquée à mi-côte au flanc du rocher
et séparée de l'abîme par une simple guirlande de grandes
angéliques aux fleurs jaunes. Dans un coin de rocher, une
femme et un âne se sont mis à l'abri pour laisser passer notre

caravane; la femme est pieds nus, elle a une jupe d'un beau jaune relevée sur les hanches et un fichu rouge sur la tête; l'âne est chargé, et de l'un de ses paniers sort une noire tête d'enfant.

Le chemin de fer passe au fond du précipice, côte à côte avec un torrent presque à sec, que surmonte la masse verte striée de bandes jaunes des rochers du défilé; certains blocs prennent des formes bizarres, on dirait des régiments de dolmens gigantesques escaladant la montagne; ce passage s'appelle les Organillos, certains rochers ressemblant vaguement aussi à des tuyaux d'orgue.

Le nom bizarre du défilé, le Despeñaperros, — *précipite les chiens*, — lui vient de la grande déroute des Maures dans le vallon de *las navas de Tolosa en* 1212. — La grande lutte entre Maures et chrétiens eut lieu dans ces montagnes. La croisade avait été prêchée, une immense armée espagnole et étrangère conduite par Alphonse VIII de Castille, par les rois de Navarre, de Portugal et d'Aragon, était partie avec la résolution de rejeter définitivement les Maures de l'autre côté de la Sierra-Morena pour leur interdire tous retours offensifs sur la Castille et sur Tolède, la vieille capitale.

De leur côté les Maures avaient réuni une formidable armée pour garder les passages. Les défilés ayant été tournés, Mohammed le Vert venu d'Afrique avec un contingent de 160,000 hommes, attendit les chrétiens aux *navas de Tolosa*.

Après des heures de combat, quand les bataillons maures furent enfoncés, les chevaliers chrétiens se trouvèrent devant un retranchement formé de milliers de chameaux réunis ensemble par des chaînes de fer. Ce fut le moment le plus dur de la journée, ensuite la déroute commença. Les rochers de la Sierra furent jonchés des cadavres des fuyards poursuivis avec acharnement, et le lamentable massacre qui se fit dans les longs défilés du Despeñaperros lui valut ce nom coloré de Précipite les Chiens.

C'était fini pour la puissance musulmane, désormais elle ne devait plus repasser les montagnes ; il ne restait plus aux Maures que leurs royaumes déjà chancelants de Cordoue, Seville et Grenade.

Cependant, parvenus au point culminant du défilé, nos mulets reprennent le galop. Le train attend les voyageurs au fond du ravin ; il faut descendre par un chemin assez raide pratiqué à cette occasion, près d'une venta de mauvaise mine, ornée d'une croix de meurtre portant la date de 1865.

Le jour baisse ; au fond de la passe l'obscurité se fait, et les énormes rochers du Despeñaperros apparaissent, décapités par un coup de soleil au-dessus de la Sierra-Morena déjà violette et noire au fond.

Nous remontons en wagon ; les gendarmes descendent des voitures et reprennent leurs places dans le train, en raison du certain nombre de kilomètres de gens douteux qu'il reste à parcourir.

Pauvres gens de la Sierra, le chemin de fer a porté un coup terrible à leur industrie et réduit les bandes à vivre de privations en regardant passer les trains. Aussi, faute de travail, les villages sont-ils abandonnés; s'il y a tant de gendarmes sur la voie et en wagon, ce n'a pas toujours été une précaution inutile, car il y a quelques années, faute de diligence, un train était encore arrêté de temps en temps par les voleurs.

Cette aventure est arrivée dernièrement au train de Saragosse à Barcelone. Une bande d'hommes, la carabine au poing a dévalisé le fourgon sans toucher aux voyageurs, ce qui est heureusement le cas le plus ordinaire.

Il y a même une formule employée dans ces cas-là par les caballeros de grand chemin, pour rassurer le monde. Un

Paysannes de la Manche.

homme va de wagon en wagon en criant comme s'il annonçait un « cinq minutes d'arrêt » ordinaire :

— Que messieurs les voyageurs ne se dérangent pas, nous ne nous occuperons que du fourgon !

Ce jour-là pourtant, deux gendarmes qui étaient dans le train, tirèrent sur ces braves voleurs et en blessèrent deux.

Quand par hasard les voleurs travaillent sur les voyageurs, la formule d'avertissement est tout autre, mais aussi polie. A chaque portière, deux carabines se présentent et leurs porteurs s'adressent d'abord aux dames :

« — Senoras y caballeros, no hémos vénidos para molestar ustédes, somos pobres hombres (etc.).

— Mesdames et messieurs, nous ne sommes pas venus pour

vous molester, loin de là, nous sommes de pauvres gens (etc.).

Le moyen de se fâcher avec ces braves gens, chargés de famille peut-être !

Il y a quelque temps, une autre manière de procéder eut aussi la vogue : une demi-douzaine d'individus montaient en troisième classe à la tombée de la nuit à quelque station écartée ; dès la sortie de la gare, ils gagnaient par les marchepieds les wagons de seconde et de première classe. Surpris

Dans la sierra.

désagréablement, les voyageurs de ces wagons étaient bien forcés de vider leurs poches entre les mains des « ladrones », qui, la récolte faite, s'en allaient par le même chemin, et attendaient le premier arrêt pour descendre et se perdre dans la sierra.

C'est pour éviter autant que possible ces désagréments aux voyageurs, qu'il y a tant de gendarmes sur la ligne et dans le train.

On n'entend partout raconter que des histoires de voleurs. Au commencement cela fait un certain effet, mais à la fin on se blase, les voleurs ont, de l'aveu de tous, des procédés si délicats que l'on n'a pas le courage de leur en vouloir.

Après tout, se promener sur certains boulevards extérieurs de Paris passé minuit, n'est pas une chose si commode. Et nos abominables gredins de barrière manquent, eux, absolument de courtoisie, ils commencent par assommer avant de dévaliser. Les voleurs de la sierra valent donc cent fois mieux, avec eux on ne court que des risques d'argent ; aujourd'hui nous sommes bien désolés de ne pas en avoir rencontré ou au moins de n'avoir pas voyagé dans un train qui ait eu des aventures.

Des personnes dignes de foi nous ont affirmé qu'il existait des compagnies d'assurances contre les caballeros de grand chemin ; d'autres, non moins dignes de foi, nous ont déclaré qu'il ne devait pas y en avoir, parce que cela ne pouvait servir qu'à être volé par les voleurs et par les compagnies d'assurances.

Où est la vérité ?

Autre racontar. Il y a un mois le payeur de la compagnie du chemin de fer d'Andalousie, chargé d'une forte somme, dînait chez un garde-magasin de la ligne ; tout à coup sept ou huit hommes se présentent par la porte et par la fenêtre, avec la fameuse carabine au poing. Il n'y eut pas de discussion ; le payeur, le garde-magasin et sa femme furent attachés aux meubles, et les voleurs s'envolèrent avec la caisse. Les gardes civils lancés sur la piste livrèrent quelques jours après à la justice, deux des voleurs et une somme de huit mille francs.

L'épilogue de cette historiette étonna tout le monde; le juge remit les huit mille francs à la compagnie! Il a été décoré immédiatement.

Quant aux gens qui vous disent :

— Il y a un capitaine de voleurs qui demeure dans la même maison que moi à Séville, ils le disent avec tant de naturel qu'il faut bien les croire.

— C'est un bien vilain voisinage, fait-on observer, par politesse.

— Mon Dieu, non, il reçoit du beau monde, il a des gens très comme il faut à ses dîners, des juges, des notaires..... Pour le moment, il est en prison, mais il sort assez facilement.

A Madrid même, habite un ancien chef de la sierra, maintenant retiré des affaires actives. — Il est très connu ; lorsqu'on est en peine d'un mulet volé, on va chez lui, et moyennant une petite prime il se charge de le retrouver.

C'est lui qui répondait aux sollicitations d'un jeune mendiant, en soulignant son conseil d'un coup de pied :

— Fainéant, vole comme moi ! Va-t'en dans la sierra Morena !

Nos amis les gendarmes ou gardes civils sont de superbes militaires, d'une belle tenue, très honnêtes et très dévoués. Les bandits savent qu'ils ne plaisantent pas, et redoutent moins la justice que les gendarmes. Aussi quand un malfaiteur dangereux apprend que les gardes civils vont le transférer d'une prison dans une autre, a-t-il sujet de trembler. Les gardes civils ont des ordres du ministère ; en route, ils laisseront le malfaiteur s'écarter un peu et le fusilleront en supposant une tentative d'évasion.

Dernièrement on a fusillé ainsi à Almeria une quarantaine de « sequestradores, » des bandits dont la spécialité était d'enlever des gens aisés ou même des enfants de riches familles et de les garder dans la montagne jusqu'à payement d'une rançon. Un procès était, paraît-il, impossible pour bien des causes ; les gardes civils les ont transférés d'une prison à une autre. Il y avait, parmi ces « sequestradores, » le maire d'un village et son garde champêtre.

Un voyageur.

Cordoue. — La tour de la Malamuerte.

CHAPITRE HUITIÈME

CORDOUE

— Éblouissement. — Les patios. — La Mosquée d'Abdérame. — Patio de los
Naranjos et Puerta del Pardon.

— Et maintenant vous n'avez plus que 35 kilomètres de
brigands.

Telles furent les paroles rassurantes sur lesquelles notre
aimable compagnon nous fit ses adieux quand nous remon-
tâmes en vagon, à la sortie du tunnel de Santa-Elena.

Pleins de sympathie pour ces derniers défenseurs des vieilles
traditions et d'ailleurs toujours gardés par de nombreux gen-

darmes, disséminés dans les compartiments, nous arrangeâmes le mieux possible les coussins du wagon, et, dix minutes après, nous dormions. Combien de temps cette quiétude dura, nous ne saurions le dire exactement, mais à un certain moment, nous sentîmes que nous cessions de rouler.

Nous nous redressons, nous nous dirigeons vers la fenêtre, et l'*un*, toujours insatiable de couleur locale, s'écrie avec transport, car ce n'est pas lui qui tient la bourse commune : « Enfin les voici, ils ont fait le signal d'arrêt que j'attendais, nous allons les voir ! »

Désillusion profonde ! nulle escopette, nul trabuco ne paraît à la portière. Il fait petit jour, devant nous s'étendent de grandes plaines plantées d'arbres, dont les verdures sont allégées, rajeunies par les buées de l'atmosphère matinale; une petite rivière traverse ces plaines, et en Espagne, remarque que nous n'avons encore vue nulle part, où il y a de la verdure et de l'eau, il n'y a que rarement des brigands, donc plus d'espoir de couleur locale intense. Quel est le nom de la station, nous ne saurions le dire, nous n'aurions pu l'apprendre qu'en comparant l'heure de l'arrêt aux renseignements de l'indicateur, et, si le train retardait peut-être quelque peu, notre indicateur ne retardait pas de moins de trois ans.

Cette nouvelle émotion étant passée, nous reprenons notre sommeil interrompu et nous sommes, au bout d'un certain temps, réveillés par ce cri : Cordoba ! Cordoba !

O Muse ! inspire-nous ; inspire-nous, ô Muse !

Fraîcheur, lumière, parfum, couleur, faites vibrer les cordes de la lyre.

Sortir de l'atmosphère lourde d'un wagon, entrer dans un bain d'air frais, embaumé par les senteurs du citronnier, de l'oranger, du magnolia, voir se dresser tout autour de soi des haies de cactus en fleur, de cactus aux troncs durs et gros comme ceux des arbres, de nopals et d'agaves, d'aloès hauts de huit à dix pieds, et, derrière ces haies, des jardins dont chaque arbre est un encensoir, dont chaque fleur est une tache de lumière vive; traverser par une longue route cet échantillon du paradis terrestre, éviter l'inévitable Plaza de Toros, et se trouver devant les grands murs cuits par le soleil, où chrétiens et infidèles se sont livré tant de combats, voilà une impression des plus suaves et des plus vivantes qu'il soit permis au voyageur de garder dans son souvenir.

Donc, premier aspect de Cordoue : cactus, orangers, fleurs et maisons blanches. Le second aspect est identique et le troisième aussi ; Cordoue est un immense bouquet de fleurs au milieu duquel sont jetées quelques milliers de maisons éblouissantes.

Le parfum d'orangers qui avait envahi nos wagons se perpétue à travers les rues, nous suit jusqu'à l'hôtel et pénètre partout. Nos fenêtres donnent sur le jardin botanique, l'endroit où le bouquet de fleurs est le plus serré.

Est-ce l'Espagne, est-ce l'Afrique? Est-ce Cordoue ou Tétuan? Bleu violent sur nos têtes, maisons blanches à terrasses, jardins flamboyants, feux d'artifice de fleurs. Le ciel et le paysage, tout est éblouissant à ce point que le premier soin de l'*autre* est de s'acheter une paire de lunettes bleues.

Nous partons bien vite à la découverte du Guadalquivir et

naturellement nous nous perdons tout de suite au milieu de l'inextricable réseau de petites rues blanches, propres et tranquilles, étincelantes de soleil, qui tournent et retournent sans cesse sur elles-mêmes, sans pouvoir se décider à mener directement quelque part. Une bonne partie de notre première journée à Cordoue est employée ainsi aux plus capricieux zigzags, nous ne trouvons ni Guadalquivir ni Mosquée, mais nous passons des heures charmantes à courir de maisons en maisons, pour plonger à travers les grilles des regards indiscrets dans tous les patios.

La note dominante est le patio. Il y a des patios ailleurs, à

Une aguadora de la ligne d'Andalousie.

Tolède, à Séville, et dans tout le Midi, mais nulle part ils ne peuvent être aussi jolis, aussi fleuris que dans ce morceau de l'Orient qui s'appelle Cordoue.

O ville des khalifes! nous partirions sans avoir vu ta mosquée, ni aucun de tes monuments, qu'il nous resterait toujours de toi une vive et lumineuse impression, le souvenir de tes mille patios.

Cordoue. — Extérieur de la Mosquée.

Sur la rue les façades sont de la plus grande simplicité :
murs de maçonerie ordinaires, fenêtres ordinaires, volets ordinaires, toit ordinaire, blanchiment ordinaire ; signe particulier : peu de grillages aux fenêtres. Tel pourrait être à peu
près le signalement auquel un gendarme intelligent saurait les
reconnaître.

Mais l'intérieur, mais le patio ! Au milieu de la façade
blanchie à la chaux, s'ouvre une porté bâtarde, donnant sur
un petit vestibule dallé, parfaitement propre. Au fond du vestibule est la porte du patio, une grille de fer forgé, tourné et
ouvragé, plus ou moins riche suivant l'importance de l'habitation et presque toujours peinte en gris clair. Le dessin varie ;
c'est le plus souvent une grande arabesque de fer déployant
ses fleurons et ses parafes avec beaucoup de fantaisie, ou
bien des complications de lignes imitant les losanges de bois
des portes arabes.

A travers ces grilles s'aperçoit le patio.

Ouvrez le dictionnaire espagnol, et vous trouverez simplement : Patio, — Cour. Rien n'est moins exact. Un patio est une
grande salle à ciel ouvert, placée au centre d'un bâtiment à
quatre faces, c'est quelque chose comme une grande chambre
posée au centre d'une maison, et qui n'aurait pour tout plafond
et pour toiture que le ciel. Le patio est dallé comme une
chambre, et possède sur les quatre côtés une colonnade,
montant jusqu'à la hauteur du premier étage.

Le premier étage dépasse le rez-de-chaussée, de la largeur
de cette colonnade, et toute la partie surplombante de la
maison repose sur les colonnes. De cette façon, il y a tout

autour du rez-de-chaussée une galerie couverte, laquelle a pour plafond le plancher de la partie avançante du premier étage.

Qu'on nous pardonne cette explication, mais nous avons tant de fois lu le mot « patio » sans que jamais personne de ceux qui l'aient écrit nous en ait donné l'explication, qu'il nous a semblé utile de la donner tant bien que mal.

Plus tard nous verrons, à l'Alcazar de Séville, le patio des Douzelles, à Grenade celui des Myrtes et celui des Lions ; partout où les Arabes ont passé, nous retrouverons ce même patio, et nous constaterons que les Andalous d'aujourd'hui n'ont fait que copier purement et simplement le modèle que les Maures leur avaient laissé.

Tout le centre du patio est envahi par les fleurs, les plantes grimpantes, les orangers, les aloès ; un buisson fleuri grimpe au pied d'une large vasque de marbre au-dessus de laquelle les roses se penchent comme attirées par l'eau doucement murmurante, et s'effeuillent en la parsemant d'une flottille de petits bateaux roses qui chavirent sous un chargement de perles.

En ligne au pied des colonnes sont rangés de grands pots de terre rouge et vernissée, débordant de verdure, et dans le fond s'élève quelque if ou cyprès aux branches taillées, rognées et tortillées de façon à former soit un berceau, soit une décoration architecturale quelconque.

Ceci est le patio des maisons riches, les autres sont pareils, un peu plus simples peut-être, mais tous aussi frais, tous débordant de ce luxe qu'une nature méridionale met à la portée de tous, empanachés de verdure et fleuris à outrance et de toutes les couleurs.

De rue en rue, de maison en maison, chaque coup d'œil aux
grilles est un éblouissement. Rien n'est plus charmant que de
voir, par les portes entr'ouvertes, des ateliers de tailleurs ou de
couturières installés dans ces cours de marbre, à l'ombre de
ces colonnades de marbre, où des femmes souvent jolies aux
cheveux noirs, au teint mat, aux yeux pétillants, sont assises par
groupes, ayant toutes, piquées dans la chevelure, attachées

A la grille du patio.

au corsage et parfois même traînant autour d'elles, mais le
tout avec un art que l'art n'invente pas, que la nature seule
donne, qui devient du génie, à force d'être de la naïveté, —
des roses, des œillets, des fleurs de toutes les nuances, de
toutes les formes et de tous les éclats.

Elles sont vêtues le plus souvent de robes claires, rehaussées de couleurs gaies, avec des petits fichus d'un ton vif, entr'ouverts sur la poitrine, et cet ensemble de toilette relève l'éclat de la peau, adoucit et harmonise le luisant des marbres, fait vibrer le noir des cheveux et l'étincellement des fleurs ; — ajoutez à cela les poses souples, pleines de grâce, mais pleines de ressort, mélange de la race arabe et de la race ibérique, des mains et des pieds d'Espagnoles. Dans ces cages blanches, gaies comme les cages remplies d'oiseaux des îles, on entend un babillage de voix jeunes parlant cette langue bien frappée, tout à la fois vive, lente et sonore, qui est un charme pour les oreilles. Cela vous rappelle l'école arabe de Delacroix, ou les peintures de Decamps.

Ce fut après bien des tours et des détours dans les petites rues et sur des grandes places poussiéreuses occupées par des tondeurs de mulets, que dans l'après-midi, le Guadalquivir fut inopinément découvert par les voyageurs qui ne le cherchaient plus, se croyant à l'extrémité opposée de la ville. En même temps que le Guadalquivir, le campanile de la cathédrale, — ou de la mosquée — apparaissait à l'horizon et nous fîmes au Guadalquivir l'impolitesse de courir d'abord à la mosquée.

Cette œuvre colossale du grand khalife Abdérame possède au dehors tout à fait les allures d'une forteresse. Vue du pont du Guadalquivir, c'est un large parallélogramme de hautes murailles dominant, comme les remparts d'une seconde ville enclavée dans la première, les petites maisons blanches de Cordoue. Pour compléter la physionomie militaire, cette ligne de murailles est bastionnée de demi-tours carrées, et sur la crête se profilent d'un bout à l'autre des créneaux dentelés finissant en pointe.

Au pied de ces murailles, rien n'indique encore le caractère religieux du monument. Peu ou presque pas d'ouvertures, une porte en fer à cheval de loin en loin et quelques fenêtres bouchées dont il ne subsiste que la charmante décoration, les petites colonnes et les délicates arabesques.

Que d'autres se fassent impressionnistes, nous sommes et nous nous déclarons *sensationnistes* fervents et convaincus, c'est-à-dire *collectionneurs d'émotions* — aimables, grandes, mauvaises ou même horribles à l'occasion ! car tout nous est bon, et nous avouons que le parfait bonheur, cette pierre philosophale, nous paraît pouvoir se formuler ainsi : sensations toujours nouvelles, émotions à jet continu.

Cordoue avait de quoi nous contenter.

Le premier pas sur les dalles de la vénérable Mezquita est une haute sensation, une des plus fortes secousses qui se puissent éprouver.

Les khalifes vêtus d'étoffes étincelantes, couverts de pierreries, s'avancent à cheval, à la tête d'une armée de vassaux, parés avec le luxe éclatant dont l'histoire ne peut nous donner qu'une faible idée, et ces cortèges prodigieux vivent et marchent à travers un monument gigantesque, simple, presque austère et pourtant éblouissant.....

Pardon, ceci n'est qu'une simple vision, une rêvasserie des premières cinq minutes; mais, en rouvrant nos yeux éblouis, nous pouvons voir qu'après tant de siècles la vieille mosquée pourrait encore les recevoir.

Sans doute, après la conquête, des actes de vandalisme lamentable ont été commis, comme la destruction de plusieurs travées pour la construction d'une cathédrale chrétienne au centre de la Mosquée, action barbare qui fit rougir Charles-Quint lui-même, le destructeur d'une partie de l'Alhambra ; des arcades ouvrant sur la cour des Orangers ont été bouchées, des couches de plâtre ont longtemps deshonoré certaines parties, mais enfin le corps même de l'édifice est resté intact.

Dans notre siècle, plus soucieux de la conservation et de la protection des vieux monuments que ceux qui l'ont précédé, on a réparé tant bien que mal ce qu'il a été possible de réparer des nombreuses altérations dues au temps et aux hommes.

On a rétabli l'harmonie de l'ensemble en peignant sur les arcades rongées des assises de briques simulées, et l'on travaille encore à compléter ces restaurations.

Nous ne voudrions pas tenter de refaire encore une fois après les maîtres la description de la vertigineuse mosquée, non par paresse, mais dans l'intérêt seul du lecteur. Nous devons seulement en dire quelques mots, mais le plus succinctement possible.

La Mosquée, on l'a dit, est une forêt, — une forêt de colonnes de marbre régulièrement plantées ; un chiffre seul peut en donner l'idée ; les colonnes sont au nombre de 860 ; ajoutons que le centre du monument n'en contient pas, c'est-à-dire que ces 860 colonnes forment une sorte de gigantesque péristyle intérieur ; c'est une façon de patio, soutenu par des files de colonnades, posées à distances égales, et réunies entre elles par des arcades, c'est-à-dire formant, dans le sens de la longueur, une première série de portes ouvertes s'allongeant à perte de vue,

Cordoue. — Le pont et la Carrahola.

et dans le sens de la largeur une autre série de portes ouvertes aboutissant à un monument central qui contient une série de chapelles énormes, et en plus la cathédrale chrétienne de Cordoue.

Vue de face, cette infinie succession de colonnes et d'arcades donne l'impression qu'on a essayé d'imiter en plaçant des miroirs au fond des salles, que l'on construit aujourd'hui ; il n'y a que cette différence, c'est qu'au lieu de l'illusion, c'est la réalité ; on avance sans fin, et le prodige continue toujours. Mais ce par quoi cela ne ressemble en aucune façon à ces perspectives artificielles, c'est qu'il n'y a pas une seule colonne dont le marbre ressemble au marbre de l'autre. Toutes les couleurs, et toutes les combinaisons de couleurs, que le coloriste le plus effréné pourrait imaginer, sont là. Il va sans dire que les hommes de génie qui ont bâti ce prodige, n'ont point distribué leurs nuances au hasard, ils ont conçu et créé l'harmonie la plus douce sans une note criarde, sans une brutalité de ton, et la répétition continuelle du rouge de brique adouci par le blanc des jointures, donne à cet ensemble harmonieux une grandeur et une sérénité qui n'est ni le gigantesque essor du gothique, ni la mélancolie sombre du roman, ni la langueur mystérieuse et papillotante du byzantin, ni la majesté du grec.

Quelle tranquillité, quelle vaste sérénité se dégage de cette harmonieuse architecture, pour le brave enfant du Prophète, serviteur d'un Dieu qui lui promet tant et de si douces choses dans un paradis en somme assez facile à conquérir ; qui lui permet de déployer sur cette terre un luxe d'épouses que les autres Dieux interdisent et qui lui assure, dans l'autre monde, un si doux farniente embaumé, de si délicieuses pipes, et tant d'autres avantages charmants, le tout à la simple condition que, de temps à autre, il ceigne le cimeterre et s'en aille faire la moisson des têtes chez les chiens d'infidèles !

Heureux temps de l'islamisme en fleur ! Maintenant tout est fini, les pauvres Maures rôtissent dans les sables brûlants du Maroc, parmi les pierres de leurs malheureuses mosquées en ruines.....

Pleure Grenade, bon Marocain, pleure Cordoue, la Cordoue d'Abdérame, la ville aux belles mosquées, aux innombrables palais, cachés sous les orangers, aux bains monumentaux, Cordoue la belle et aussi la savante, la ville des poètes, la ville des bibliothèques, des académies et des observatoires !....

Ce qui précède est une lamentation monologuée par l'*autre*, qui s'est senti pris soudain d'une mélancolie profonde. Il déclare qu'il est *sémite*, et que dans ce temple, sous ces arcades orientales, il se considère comme chez lui ; c'est la maison de ses grands-pères et il pleure sur ses aïeux, glorieux et malheureux constructeurs de merveilles tombées entre les mains des usurpateurs.

Ici les voyageurs commencent à se disputer : l'*un*, tout à fait gothique d'opinions en architecture, arrête l'enthousiasme oriental de son compagnon et se permet de dire qu'il trouve *cela* trop bas de plafond ; l'*autre* déclare qu'il ne permettra pas qu'on outrage ses aïeux, que si cela est bas de plafond, c'est parce que ses aïeux l'ont voulu ainsi, que par conséquent cela est bien et que toute critique est une inconvenance ; il ajoute que toutes les chapelles latérales qui sont encore là, les unes intactes, les autres altérées, ont les proportions les plus

Portail de las Palmas.

majestueuses, que le Myhrab par exemple est d'une hauteur considérable.

Le Myhrab est l'ancien sanctuaire de la Mosquée, c'est l'endroit où les splendeurs des colonnades et de la décoration trouvent leur épanouissement le plus complet. Les arcades qui ferment le sanctuaire n'ont plus l'ouverture en fer à cheval simple des grandes travées, les arcs s'entre-croisent et se superposent, dentelés en formes de trèfles dans l'ouverture inférieure, et surchargés de dessins et d'ornements.

Cette colonnade féerique se détache en silhouette sur le fond bien éclairé d'une petite chapelle, dont les murs sont littéralement brodés des plus fines et des plus merveilleuses arabesques, contournées avec un caprice prodigieux, semées de paillettes colorées, d'ornements en mosaïque et encadrées de versets du Coran ; l'ensemble de ces décorations est touffu et fin de ton comme une miniature persane. Le plafond en coupole, sculpté et décoré de dessins à lignes géométriques, est percé de trous formant une constellation d'étoiles.

L'autre, le sémite, exulte.

— C'est le plus opulent des palais de conte de fées, c'est un morceau de Bagdad des Mille et une Nuits, dit l'*un*, mais on peut préférer le sentiment religieux, la terreur sacrée qui frappe les âmes dans nos cathédrales gothiques. Rappelez-vous Burgos !

— Et la Maksurrah, l'ancienne enceinte privilégiée, où seuls les Ulemas pouvaient entrer ?

— Burgos ! Burgos !

— Et le Zancarron, presque aussi orné que le Myhrab...

— Burgos ! Burgos !

Alors c'est une promenade à travers le monument. L'*un* marche rapidement développant ses jambes, longues comme des colonnettes gothiques, l'*autre* traîne lentement ses bottines et circule en extase, avec une majesté quasi orientale ; de la discussion on arrive aux injures, l'*autre* excite l'*un* à grimper sur les colonnes gothiques, comme les singes grimpent aux cocotiers, l'*un* traite la mosquée de cave, et va jusqu'à dire que les Orientaux ne sont que des colimaçons. Par bonheur cette différence de rapidité empêche qu'on n'en vienne aux coups ; mais quand on a tourné l'angle de la colonnade et lorsqu'on arrive devant la cathédrale, que, de l'avis commun, les gens du seizième siècle ont eu la sauvagerie de placer là, après avoir abattu on ne sait quelles merveilles, la concorde se rétablit. Non pas que les opinions aient changé, non pas que les grandes chapelles et la cathédrale soient inférieures à bien d'autres cathédrales et à bien d'autres chapelles, mais parce qu'on se trouve en présence d'un fait de vandalisme, qui révolte quiconque a une conscience artistique.

Cette réserve faite, cette cathédrale chrétienne que dans l'immensité de la mosquée on ne découvre pas tout de suite, est à admirer complètement, avec ses faisceaux de colonnes ouvrant le toit de la mosquée pour s'élancer plus haut vers le ciel, ses sculptures, sa grille de fer, et toute sa gothique ornementation qui semble plus sévère ici que partout ailleurs.

Quelques chapelles moins heureuses ont été pratiquées dans les bas-côtés de la Mosquée, où, derrière de hautes grilles de fer, on a placé des tableaux au-dessous du médiocre, sur des autels de bois, ou de toile, peints et dorés avec une banalité d'un mauvais goût absolu. Il y a bien de ci de là quelques tableaux de sainteté, meilleurs ou moins mauvais que les autres, mais ce n'est point pour voir ces choses qu'on a traversé la sierra Morena et le reste. De distance en distance le long des parois de la partie centrale, près des hauts piliers de la cathédrale ou même sous les arcades arabes, on voit, posés comme de petites guérites, des confessionnaux, du dessin le plus banal et le plus modeste, et aux abords de ces confessionnaux, des femmes vêtues de noir, les genoux posés sur la dalle, la jupe traînant derrière elles, un éventail noir à la main, une mante de gaze noire, enveloppant la tête. A distance, à voir cette tache noire, posée sur cette splendeur, on dirait qu'on a versé un encrier.

A la sortie de la mosquée le sémite retriomphe, il montre au gothique comment on bâtissait les portes, au temps illustre des Maures. Imaginez-vous deux vantaux d'une seule pièce, d'une hauteur de deux étages au moins, larges en proportion, épais en conséquence et caparaçonnés de la tête aux pieds d'une série de petites plaques de bronze ciselé ou repoussé, brodées d'arabesques, formant comme une porte de métal, plaqué sur la porte de bois qu'elle recouvre entièrement.

En sortant de cette porte, on se trouve dans une grande cour carrée, entourée d'une colonnade, et cette cour est remplie d'orangers gros comme nos tilleuls, couverts d'oranges mûres dont la couleur d'or brille parmi le feuillage sombre et verni, dont l'ombre couvre toute la place.

Au pied des arbres, au bas des allées, sous les colonnes, il y a des bancs et sur les bancs des bonnes d'enfants et des fantassins, la population d'un square Montholon transportée dans un cadre mauresque. De temps en temps une orange mûre tombe de l'arbre et vient s'aplatir sur le cailloutis dont la cour est dallée, ou sur la personne de quelque enfant qui joue.

Jadis au temps des Maures les galeries d'arcades de la Mos-

Cordoue. — Un patio.

quée ouvraient sur ce patio des Orangers ; de la cour le regard pouvait embrasser la forêt des colonnes d'un bout à l'autre, mais aussitôt après la prise de Cordoue par les Espagnols, ces ouvertures furent bouchées, sauf une qui fut surmontée d'un grand cadre gothique et décorée des statues de la Vierge et de l'ange Gabriel. C'est la porte de las Palmas.

Dans un des angles du patio, se dresse la tour de la cathédrale, élevée à la place de l'ancien Alminar des Arabes, une tour rivale de la Giralda de Séville, qui, fortement ébranlée par un tremblement de terre, dut être entièrement démolie à la fin du seizième siècle.

Ce grand campanile a cinq corps, carrés d'abord, en retrait les uns sur les autres et se terminant par un petit temple rond à coupole surmontée d'une statue de l'ange Raphaël portant un drapeau. Les ornements et les balustrades sont d'un goût assez fin et relativement sobre.

Presque à côté de cette tour, en passant à travers l'une des maisons que les hasards de la civilisation ont fait pousser contre le monument lui-même, on se trouve à l'extérieur au pied de la « puerta del Pardon ». On a devant soi, abstraction faite du campanile, dont on a orné le monument antique, une des plus pures merveilles de l'art arabe, un grand arc ogival très ornementé encadrant une porte dont les panneaux remplacent d'anciens battants arabes plaqués de feuilles d'or ; sur ces panneaux très curieusement sculptés se détachent une garniture d'ornements de métal et des marteaux de bronze aux fines ciselures.

Quand nous fûmes dans l'une des petites rues qui se trouvent de l'autre côté de la *puerta del Pardon*, nous nous vîmes assaillis par une bande de gamins, qui se disputaient l'honneur de nous reconduire à notre hôtel, en même temps nous demeurions stupéfiés, par le nombre des cordonniers et des ressemmelleurs qui remplissent les échoppes de toutes ces maisons. Nous tâchâmes de nous débarrasser des gamins, pensant retrouver nous-mêmes notre route. Un d'entre eux cependant, plus tenace que les autres ou plus malin ne nous quitta pas d'une semelle. Au bout d'une heure de marche, dans les rues qui revenaient toujours au même point et qui par conséquent ne nous montraient jamais rien de nouveau, nous fûmes trop heureux d'accepter les services de ce jeune drôle.

Si tous les visiteurs, font les mêmes courses, inutiles en pareille occasion, les cordonniers de la cathédrale n'ont pas été aussi bêtes qu'on pourrait croire en se plaçant là où ils se sont mis.

Anciens bains mauresques dans une maison particulière.

CHAPITRE NEUVIÈME

CORDOUE (SUITE).

Le pont du Guadalquivir et la Carrahola. — Les tours de l'Alcazar. — La tour
de la Malamuerte. — Quelques intérieurs. — Un patio moderne. — La maison du chanoine.

Un témoin de la grandeur de l'ancienne Cordoue, témoin
plus vénérable encore que le Mezquita, est le vieux pont du
Guadalquivir, construit par les Romains et réparé plus tard par
les Arabes. En repassant une seconde fois à la Mosquée, à la
satisfaction du sémite qui voudrait presque y prendre loge-

ment, nous fîmes enfin au Guadalquivir la politesse d'une visite particulière.

Ce fleuve poétique est déjà très large et coule entre deux rives poussiéreuses ; plus loin, il possède plus d'attraits, paraît-il, et se perd en méandres capricieux sous les bosquets de verdure d'une campagne exubérante ; mais, à Cordoue, il est assez triste et semble vieilli par la présence dans son lit, à côté des vieilles arches romaines du pont, de tas de pierres, de fragments de tours et même de petits bâtiments ruinés où à peu près, formant au milieu du fleuve des petits îlots, semblables à des piles, veuves du pont qu'elles devraient supporter. Sur le pont, c'est un amusant défilé de paysans et de muletiers en discussion avec les douaniers, un passage continuel de caravanes d'ânes, — les mulets et les ânes inévitables qui forment toujours la majorité de la population animée d'un paysage espagnol.

Les petits bâtiments au milieu du fleuve sont des moulins. En même temps que nous, passe sur le pont une file de mulets libres trottant sous la conduite d'un seul homme, derrière la mule colonelle qui fait fièrement tinter sa clochette ; nous les voyons descendre sur la berge et suivre une étroite jetée de pierres conduisant à l'un de ces moulins. Bientôt le tintement de la clochette se refait entendre, et toute la bande reparaît chargée de sacs de farine.

Le pont compte seize arches cahotantes. Comme les ponts de Tolède, il est, à son extrémité, défendu par un gros castel, la forteresse de la Carrahola, et décoré, à l'autre bout, d'un portique de style Renaissance à quatre colonnes. Cette porte du pont, œuvre d'Herrera, est maintenant absolument fruste, le temps l'a dépouillée de tout son épiderme, si bien qu'on la dirait plus vieille que le pont lui-même.

Nous allons nous asseoir sur le talus de l'autre rive, pour faire un croquis d'ensemble de la ville. Pour premier plan, nous avons la Carrahola habitée par des charrons, une enceinte de murailles crénelées, flanquées de petites tours rondes, du milieu de laquelle se dresse une haute et grosse tour irrégulière, carrée sur plusieurs faces, ronde à côté, terminée par une garniture de créneaux pointus. Le tout abîmé, écorché, ébréché, moussu par endroits, cuit et recuit par les soleils d'une demi-douzaine de siècles, qui l'ont orné d'un beau ton fortement roussi ; c'est enfin un repoussoir violent et magnifique, pour les blancheurs et les scintillements de la ville assise sur l'autre rive, pour les innombrables maisons enchâssées dans la verdure des jardins.

Juste en face du pont, au-dessus de la porte d'Herrera, se dessinent en longues lignes jaunes les murailles crénelées de la Mosquée dominée par la nef de la cathédrale chrétienne, et par le campanile. Sur la gauche, des bosquets d'un vert tendre sont enclavés dans l'enceinte des Alcazars *viejo* et *nuevo*, ce sont les jardins de l'Alcazar, délices des rois maures.

Quelques vieilles tours s'aperçoivent encore, par-ci, par-là. C'est tout ce qui reste, hélas ! du vieil Alcazar arabe qui vit, dans la période si mouvementée du khalifat, tant de bouleversements et tant de fêtes brillantes, tant de têtes princières enlevées par le sabre, tant de massacres, — qui vit passer les favorites couvertes de pierres précieuses et défiler les nègres de la garde africaine des khalifes. Soulèvements populaires et révoltes militaires sont venus se heurter à ces murailles maintes et maintes fois, ce qui nous prouve que le goût du pronunciamiento serait plutôt dans le sol que dans le sang des Espagnols, c'est-à-dire une simple influence du terroir qui agirait même sur des populations transplantées.

L'Alcazar nuevo, très vieux aussi, mais très restauré, n'est pas d'une architecture très intéressante, il est maintenant transformé en prison, destination que le saint-office lui avait aussi donnée autrefois.

Entre la Mosquée et l'Alcazar nuevo, sur une sorte d'esplanade, se dresse une haute colonne sur un soubassement en forme de rocher, entouré de belles grilles. C'est le Triunfo, colonne élevée en l'honneur de l'archange Raphaël, patron de la ville.

Le point de la rive où nous étions était assez animé, des ribambelles d'ânes passaient constamment devant nous porteurs chacun d'un ou deux paysans sortant des posadas mouvementées du faubourg, des cochons venaient de temps en temps nous examiner, des lavandières lavaient sur le sable, un barbier barbifiait des paysans sur le pas de sa porte, et enfin des femmes aux jupes jaunes descendaient en file au Guadalquivir, en portant sur la tête ou appuyées sur la hanche de grandes cruches pansues que l'*un* appelait des amphores pour faire plaisir au sémite toujours dans sa veine poétique.

Pour voir les vieilles murailles mauresques, nous faisons en partie le tour de la ville à l'extérieur, ce qui par la grande chaleur est un exercice assez violent; heureusement derrière

Cordoue. — Casa de Trevilla. — Plaza de Geronimo Paez.

les jardins de l'Alcazar, il ne manque pas d'arbres et nous pouvons marcher à l'ombre, tout en admirant avec des clignements
d'yeux les murailles rôties par le soleil. De nombreuses
portes donnent entrée dans la ville, mais elles ne sont pour
la plupart que très peu monumentales : les plus importantes,
comme celles d'Almodovar et de Gallegas, sont flanquées de
tours carrées, sans aucune ornementation.

Sur bien des points des maisons se sont accotées à l'enceinte, dont on n'aperçoit plus que la ligne de créneaux sur-
montant les toits.

La belle promenade que nous parcourions s'appelle le paséo
de la Victoria. Tout s'y préparait pour une fête, on montait les
petites boutiques et la tente pour le bal, — sous les arbres
dormaient des bohémiens authentiques avec leurs ânes. En
poursuivant jusqu'au campo de la Merced, immensité sablonneuse torréfiée par le soleil, nous arrivâmes au pied d'une
grosse tour octogonale, isolée, qui s'appelle la torre de Malamuerte, la tour de Male-Mort, parce qu'elle a été construite
au moyen âge aux frais d'un citoyen de Cordoue, qui avait
tué sa femme.

Cette tour est, nous l'espérons bien, la seule qui possède
une pareille origine, mais nous ne pouvons l'affirmer, ayant
oublié de nous renseigner sur les antécédents des autres. Pour
la Carrahola, si sa construction résulte aussi d'une punition
pour mouvements d'impatience trop accentués, on peut l'é-
valuer au moins à une demi-douzaine d'épouses.

Dans un angle du campo de la Merced, à la puerta del
Rincon, commence la grande artère de la ville, une rue aussi

tortueuse mais plus large que les autres, — ce qui ne veut pas dire qu'elle le soit beaucoup — qui va sous les noms de calle carnicerias, d'abord, et de calle de la Feria ensuite, aboutir au Guadalquivir non loin de la Mosquée. C'est la rue animée, la seule où l'on puisse voir à toute heure plusieurs personnes à la fois.

Le marché s'y tient aux abords de la petite église San-Pablo. Pendant les heures chaudes de la journée, de grandes toiles tendues d'une maison à l'autre abritent complètement la rue.

San-Pablo ne possède sur la rue qu'un simple portail d'une belle couleur qui fait une assez jolie figure aux premiers plans du marché ; au pied de ses colonnes torses de marbre noir, une boutique d'aguador est adossée, avec ses grandes toiles rayées et son pittoresque étalage d'alcarazas et de vases de toutes formes ; en avant les paniers des marchandes font de grandes taches claires où le jaune éclatant domine, dans les pyramides jaunes des oranges et dans les bottes de fleurs, sans parler des jupes des femmes, marchandes et clientes, qui pourraient lutter d'éclat avec les oranges.

L'église est au fond d'une étroite petite cour-jardin, calme et un peu sombre; nous ne nous attendions guère aux étrangetés de l'intérieur ! murailles, colonnes, chapelles, autels, disparaissent sous une accumulation d'ornements du goût le plus baroque, l'architecture elle-même est déjà surchargée, mais que dire des milliers de bibelots qui prétendent décorer nef et bas-côtés ? Il semble qu'un pensionnat de demoiselles en délire ait passé par là, non pas même un pensionnat européen, mais une *escuela* de demoiselles chiliennes ou patagones.

Partout des perles, des rubans, des dentelles ; la sainte Vierge
sur son autel est habillée d'une somptueuse robe de satin toute
reluisante de perles et de paillettes, elle a des dentelles dorées,
des colliers et des boucles d'oreilles ; le Christ et les apôtres
sont aussi bien mis ; le Christ porte un splendide jupon de dentelles attaché par des nœuds roses, et les apôtres, bien peignés,
bien frisottés, sont habillés de rose, de bleu, de vert tendre
tout à fait comme des seigneurs, ou du moins comme de riches
propriétaires.

Le maître-autel est un amoncellement de bibelots et de jouets
d'enfants ; quant aux chapelles, elles sont toutes roses : saints et
saintes roses, tableaux encadrés de dentelles à nœuds roses et
même fenêtres à rideaux roses.

Tout devait être étrange dans cette étrange église, il n'y avait
d'êtres vivants qu'un gros chat blanc endormi sur un autel et
une petite vieille toute noire, trottant comme une souris et
marmottant on ne sait quoi aux étrangers, avec des sourires de
petite fée Carabosse.

Est-ce à Cordoue, ou bien à Tolède, que nous avons vu le
mendiant municipal dûment autorisé, et porteur d'une plaque
de cuivre, comme nos commissionnaires ? C'est probablement
dans les deux villes et à Burgos aussi. La plaque porte ces
mots : *Pobre de Cordoba*.

Il faut bien mettre un peu d'ordre dans la corporation et ne
pas laisser les intrus s'y glisser ; quand on a épuisé sa provision
de petits sous, on leur donne des cigarettes, comme nous
l'avons vu faire aux gens du pays : le pobre alors rejette avec
dignité son manteau sur l'épaule, salue et allume sa cigarette

à celle du bourgeois son bienfaiteur, après un : Accordez-moi
. la faveur...

Les amis de nos amis sont nos amis, et les amis de ceux-ci
sont encore les nôtres. Un de nos amis de Paris nous avait
adressés à un sien ami de Madrid, lequel avait un secrétaire,
qui avait un ami à Cordoue ; nous allâmes donc chez l'ami du
secrétaire de l'ami de notre ami, pour lui demander si, outre
les monuments que tout le monde connaît, il ne resterait pas
encore, dans quelques habitations privées, quelques fragments
de maisons ou de palais du temps des Arabes, ou d'époque
plus récente, comme nous en avions déjà vu à Vittoria, à Tolède
et ailleurs.

Notre ami (il l'était au cinquième degré) se trouvait être un
homme jeune, intelligent et fort aimable. Il nous mena d'abord
chez des amis à lui (il est inutile de prolonger cette cascade
d'amitié par procuration) lesquels, à défaut d'une véritable
maison mauresque, s'étaient donné le plaisir de s'en faire construire une, en tous points copiée sur les anciens modèles.

La cour était, comme toutes les autres cours de Cordoue,
couverte de larges dalles de marbre blanc, ornée d'une vasque
et d'un jet d'eau, environnée de plantes à larges feuilles et
enguirlandée de roses grimpantes. Les fenêtres donnant sur
cette cour étaient d'un aspect quasi mauresque, un peu bâ-
tardées de gothique, et il y avait aux angles de la cour de petites consoles découpées à la façon des créneaux arabes. Sur
la partie qui fait face à la porte d'entrée, le style arabe brodé
et pailleté éclatait dans toute sa splendeur.

Ce qui était particulièrement curieux dans cette maison, c'est

que dans des chambres parfaitement modernes, aux portes et
aux fenêtres découpées en fer à cheval, et flanquées de colonnettes de marbre blanc, coiffées de chapiteaux délicatement
fouillés, on apercevait des serviteurs, une sorte de concierge,
en un mot, des gens vêtus comme nous, vivant comme nous.
Mais ce qui n'était pas moins caractéristique dans ce décor
d'un autre âge, c'était de voir des personnes installées dans
une pièce meublée de bureaux à caisse et à casiers, avec des
cartonniers à côté d'eux, allant et venant en brodequins et
en veston. Eh bien, au risque de sembler paradoxal, disons
que rien n'était plus naturel, et que le va-et-vient de tout
ce monde ne paraissait nullement insolite en un tel lieu. Le
maître de la maison se prêta de la meilleure grâce à ce qu'on
fît un croquis de son petit palais, et rien ne prouve que si,
lorsqu'il dit la phrase traditionnelle : Souvenez-vous que cette
maison est la vôtre, « *á la disposicion de Usted* », nous n'eûmes
pas envie de manquer à la politesse, traditionnelle aussi, qui
est de remercier et de ne pas accepter.

Parmi les maisons particulières qu'il nous fut permis de voir,
il en est une dont le souvenir ne s'effacera jamais de notre
mémoire. Nous nous arrêtons devant une grille de fer forgé
d'un dessin merveilleux. Derrière cette grille on aperçoit, au
lieu du patio, un large escalier de marbre blanc avec des
plinthes du même marbre ; le patio est à gauche du vestibule.
Nous sonnons et l'on nous introduit, par un corridor, dans
une sorte de seconde cour qui n'est rien autre chose que l'un
des bains publics qui avoisinaient la Mosquée. Les auges, les
lits de massage, les dalles, les étuves, tout est intact ; ce qui

aujourd'hui forme la cour devait être un vaste bassin ; tout
autour les colonnes, soutenant une série d'arcs en fer à cheval,
sont restées avec leurs chapiteaux finement ciselés, dont
quelques-uns sont à peine rongés par le temps. La salle où
se trouvaient les étuves contient encore l'entrée d'un corridor,
long boyau qui devait conduire à quelque dépendance de la
Mosquée ; malheureusement, du côté opposé, il ne reste plus
rien de l'antique construction, c'est-à-dire que le quatrième
côté de la cour est fermé par un vulgaire mur de maçonnerie,
avec une porte parfaitement vulgaire.

Une forte fille à la figure joyeuse, aux bras robustes, faisait la
lessive dans les auges, où jadis s'étaient trempés les sujets des
khalifes ; là où ils s'étaient couchés, elle battait son linge et
le brossait ; dans l'étuve, il y avait le bois nécessaire aux lessives,
et de l'autre côté de la cour, derrière les colonnes, une grande
cage de bois, où trois énormes dindons mangeaient et glous-
saient sans se douter assurément de l'importance du lieu où
on les avait placés. Le maître et la maîtresse de la maison vin-
rent pour nous recevoir, c'étaient l'un des chanoines de la Mosquée, et sa sœur ; le chanoine, vieillard à figure d'ascète bien
portant, vêtu d'une longue lévite et coiffé d'un petit bonnet éc-
clésiastique, appuyé, ou plutôt courbé sur une canne, ne fit que
traverser la salle très lentement, tout en nous disant quelques
mots aimables, il sortit par la porte de bois et se rendit à la
Mosquée, dont il dirige les restaurations. Sa sœur nous tint
compagnie, elle nous donna des explications très intéressantes
sur ce qu'on croyait encore savoir relativement à ce bain. Entre
autres choses elle nous dit qu'à part les robinets, tout ce qui

sert aujourd'hui, n'a jamais été ni changé ni réparé depuis le départ des Maures, et que les conduits qui amenaient l'eau pour leur bain sont encore ceux qui l'amènent pour sa lessive.

Quand nous eûmes vu, écouté, pris un croquis, la sœur du chanoine eut l'amabilité de nous offrir de voir sa maison et de nous montrer comment la vie est organisée de nos jours chez les gens d'aisance moyenne, à Cordoue.

Le castillo d'Almodovar.

La maison contient au complet deux habitations, l'une au premier qui sert pour les saisons froides, l'autre au rez-de-chaussée, qui est l'habitation d'été. Tous les ans, quand viennent les grandes chaleurs, on déménage tout le mobilier, et on le descend dans les pièces, où l'ombre de la rue d'un côté, l'ombre et la fraîcheur du patio et de ses fontaines de l'autre côté, vous donnent la température la plus délicieuse. Dès que le froid reparaît, on remonte le mobilier au premier étage, où tout est disposé pour qu'on ne sente pas les rigueurs relatives de l'hiver.

Quand nous étions là, le mobilier était encore au premier étage ; la sœur du chanoine nous avait montré son habitation dans tous ses détails, lorsqu'elle nous conduisit dans un grand salon ; arrivée au milieu de ce salon, elle s'arrêta devant un portrait de jeune femme, photographie peinte, elle monta sur une chaise, décrocha le portrait, nous le mit dans les mains et nous dit simplement : «Vous voyez, c'est le portrait de ma fille, » puis, se tournant vers notre ami, elle lui dit : « Vous la reconnaissez bien, n'est-ce pas ? »

Lui répondit : « Oh ! parfaitement. »

Et elle, se tournant vers nous : «Eh bien, messieurs, on me l'a tuée, ma pauvre fille ! » Et notre ami nous donna l'explication ; la malheureuse jeune fille avait été assassinée, d'un coup de pistolet dans la tête, par un homme qu'elle ne voulait pas épouser, et assassinée sur les marches du théâtre, au moment où elle sortait de la représentation.

La sœur du chanoine avait changé de figure, elle pleurait, elle essuyait ses yeux et cherchait à reprendre son calme.

Notre ami lui dit : « Cet homme était un affreux brigand. »

Elle répondit doucement : « Non, c'est un malheureux. »

Sous cette impression émouvante, la maison prit pour nous un tout autre aspect, et quand la sœur du chanoine nous fit entrer dans une chambre où, sur une table, près d'un petit lit de fer, une veilleuse brûlait devant une madone, et lorsqu'elle nous dit : « Ceci est la chambre de ma pauvre fille, telle qu'elle était à son dernier jour, » nous fûmes profondément émus.

Le « malheureux » est au bagne de Ceuta.

L'organisation de la vie qui consiste à avoir deux domiciles dans la même maison n'est pas absolument particulière à Cordoue ; dans la plupart des villes d'Andalousie, il en est de même. Mais où cela est particulièrement curieux, paraît-il, c'est dans certaines petites villes et dans certains villages, où les habitants les plus aisés ont une maison et des caves creusées dans la montagne ; l'hiver, ils habitent la maison, et ils s'installent l'été dans les caves, ils y placent leurs meubles et y vivent avec tout le confortable de leur vie ordinaire. L'explication qu'on nous a donnée nous paraît assez rationnelle. Dans les villes où il y a du marbre et de l'eau, on peut, en construisant les maisons à la façon des Orientaux, y produire de la fraîcheur, tandis que là où le marbre et l'eau manquent, c'est chose impossible.

Nous avons d'ailleurs pu apercevoir vers Grenade et Murcie, en passant en chemin de fer devant quelques petites villes, des séries d'excavations avec portes et fenêtres pratiquées dans le roc de la montagne et qui devaient être ou des maisons de gitanos ou des faubourgs d'été.

On ne se fait aucune idée de la quantité de marbre qui se trouve à Cordoue ; les environs contiennent des carrières qui fournissent 120 ou 130 sortes de marbres de toutes les couleurs. Dans un bâtiment jadis occupé par les jésuites, on a construit un escalier monumental, l'un des plus beaux escaliers que nous ayons jamais vus, tourné et tarabiscoté de la façon la plus folle dans le style churrigueresque, où les marches, la rampe et le perron, forment un échantillon de toutes les nuances et de toutes les qualités de marbre, qui se trouvent dans la contrée. Malheureusement, à cet escalier il ne manque que le palais gigantesque dans lequel on aimerait à le trouver, il part d'un couloir et d'un vestibule malheureux pour aboutir à des salles de classes d'une école moins que luxueuse.

Ceci explique comment les Maures ont pu réunir cette merveille de polychromie, nous allions dire de pyrotechnie, cette forêt de colonnes de toutes les couleurs, qui remplit la cathédrale de Cordoue.

Malgré ces trésors incomparables, la polychromie est un fait rare, parmi les édifices. On n'en trouve guère de trace sur les façades des maisons. A part une énorme porte d'entrée d'un style quasi Louis XV assez agréable à l'œil, ouvrant au milieu d'un hôtel dans une rue voisine de San Pablo. Le premier corps de cet hôtel très ornementé et très mouvementé de lignes, percé de grandes fenêtres à grillages entre les colonnes, plaquées, est surmonté d'un immense balcon de fer très ouvragé, formant au-dessus de la porte une sorte de tourelle. L'étage en retrait au-dessus de ce balcon fait aussi bonne figure et se termine aussi par un fronton flanqué de terrasses garnies de vases et de boules.

L'aimable habitant de Cordoue qui nous conduisait, nous fit visiter quelques maisons particulières et contempler, au fond de quelques vieilles cours, des restes arabes ou romains. C'est ainsi que chez un menuisier, logé comme beaucoup d'autres dans un morceau de couvent ou d'église, nous descendîmes dans les caves, les anciennes cryptes, où sont encore, assez bien conservées, des mosaïques romaines.

Presque toutes les églises de Cordoue ont été mosquées dans leur jeunesse, et cela se voit encore, tantôt par quelque vieille fe-

Séville. — Entrée de la calle de las Sierpes.

nêtre à l'arc en fer à cheval et tantôt par quelques ornements plus importants, une frise sous la toiture, quelques arabesques sur la tour, quand le clocher lui-même n'est pas tout bonnement un ancien minaret transformé.

Ceci est le cas de l'église Saint-Nicolas, dont la petite tour nous servait de point de repère dans nos promenades ; cette tour est arabe dans tous ses ornements, c'est un minaret découronné où la logette du muezzin a été remplacée par un petit campanile.

Les places sont nombreuses dans les rues tortueuses de Cordoue, mais ce sont le plus souvent de simples carrefours, un peu plus brûlés par le soleil que les petits couloirs tranquilles. Une des plus pittoresques est la place Géronimo Paez, large, irrégulière, ombragée de grands vieux arbres, et toujours à peu près déserte; les hautes murailles d'un vieil édifice du commencement de la Renaissance, tiennent un des côtés. Une grande porte monumentale, ornée de colonnes et de statues, et couverte de sculptures à moitié gothiques, s'ouvre au centre de la muraille, et sur le tout court une balustrade formée d'une rangée de croix de Malte inscrites dans un cercle. Chose étrange, ces restes d'une époque relativement récente sont usés et rongés par le temps, tandis que les morceaux mauresques, les légères arabesques des murs extérieurs de la Mosquée, les découpures de ses portes arabes ont conservé un certain air de fraîcheur et de jeunesse.

Notre dernière matinée avant le départ est consacrée à un vagabondage tranquille et sans but par les rues. Nous errons dans tous les quartiers depuis le Paseo del gran Capitan, place

dédiée au grand capitaine Gonzalve de Cordoue, le rival de
Bayard, quartier opulent dont les maisons possèdent des patios
à colonnes de marbre et de superbes jardins, jusqu'aux places
et aux rues poussiéreuses des faubourgs.

Tout est spectacle pour nous, nous contemplons longuement
des tondeurs de moutons, à l'apparence de parfaits gitanos,
nous constatons une remarquable abondance de barbiers dans
tous les quartiers et nous suivons une troupe de bohémiennes
traînant par les rues leurs robes jaunes en loques, et s'arrêtant
de porte en porte pour offrir de dire la bonne aventure aux
muchachas imperturbablement souriantes, assises sur les dalles.
Sur le pas d'une porte, une dame refuse.

— Je la sais, dit-elle en secouant tristement la tête.

Séville. — Dans la cathédrale.

CHAPITRE DIXIÈME

SÉVILLE.

La calle de las Sierpes le soir. — La cathédrale et la Giralda. — La fête de
S. Ferdinand. — Le patio de los Naranjos.

En route pour Séville, la perle de l'Andalousie. Tout le long
du chemin de fer se continue, comme avant Cordoue, la bordure ininterrompue des grands cactus et d'aloès hérissés comme
des hallebardes.

A chaque chemin de traverse que nous coupons, une garde-
barrière, des ânes et un cochon. La garde-barrière à la figure
bronzée agite un drapeau, son cochon effrayé par le fracas de
la locomotive tourne le dos aux voyageurs et rentre précipitam-

ment dans la petite habitation qu'il possède sous les cactus. Quant aux ânes, ils se contentent de secouer leurs oreilles trop musicales, que le sifflet strident du mécanicien contrarie, et ils attendent philosophiquement, avec leurs paniers et leurs paysans sur le dos, que le train laisse le passage libre.

Le site le plus caractérisé entre Cordoue et Séville est, à peu de distance de la première ville, la haute colline d'Almodovar plantée d'oliviers en ligne et couronnée par les ruines d'un grand château fort à tours carrées, comme presque toutes celles qu'ont bâties les Arabes. Almodovar était primitivement une forteresse arabe, mais le roi Pédro le Cruel la reconstruisit en partie. Deux grosses tours sont encore complètes et la plus grosse domine à plus de cent mètres ce côté escarpé du rocher, juste au-dessus de la voie ferrée. Le village est au pied du castel, caché sous des masses de verdure.

Séville s'annonce au loin par sa fameuse Giralda, la tour de sa cathédrale, qui s'aperçoit bien avant que l'on n'ait atteint les premiers abords de la ville. Le soleil d'une chaude après-midi la frappait et semblait la faire miroiter au-dessus de la plaine couverte d'oliviers et de cultures.

Bientôt le Guadalquivir apparut dans sa majestueuse largeur, puis les fumées des usines presque pittoresques de Triana, puis le pont et les mâts des navires amarrés sur les quais.

Le train s'engagea sur une étroite ligne resserrée entre le fleuve et les arbres d'une jolie promenade, à travers lesquels s'apercevaient des murailles dorées par le soleil couchant et des maisons blanches. Chose nouvelle, il y avait du monde partout, sur la promenade, dans les rues, aux fenêtres des maisons et jusque sur les terrasses; et le train nous jeta brusquement dans la foule, un peu étourdis, après nos séjours dans les villes mortes, par le tapage et le mouvement de la remuante et bien vivante Séville.

L'*un* et l'*autre* se déclarent satisfaits à la vue de l'hôtel à eux indiqué par un ami. Il est très gai, très confortable, élégant même et réunit à ces agréments une dose de couleur locale très suffisante; nous avons un patio, plus complet que celui de notre hôtel de Cordoue, et de plus, — garni de ces meubles, tables, chaises et fauteuils américains dans lesquels les amis du far niente se prélassent aux heures chaudes en écoutant le murmure des filets d'eau qui tombent dans la grande vasque du milieu.

Comme les patios bourgeois il a sa grille aux arabesques serrées et sa garniture de colonnes de marbre. Sous les arcades égayées par les fleurs, de vieilles tapisseries et des tableaux forment avec des vitrines pleines de menus bibelots arabes et castillans, — bijoux, médailles, armes et antiquités diverses, — un petit musée de curiosités sévillanes au plus juste prix. Les dames ne sont pas oubliées; dans un petit salon voisin, des échantillons de mantilles blanches et noires de toutes les finesses sont exposées pour la tentation des voyageuses désireuses de passer pour des Andalouses.

La chaleur, quand elle n'est pas trop forte, doit griser un peu les gens; avec trop de dégrés centigrades, on reste chez soi abattu et juste assez vivant pour souffler et pour maudire les fantaisies du soleil, mais la dose juste donne à tout le monde un sentiment de bien-être parfait, une gaieté expansive et un laisser aller plein de charme ; cela ressemble presque à de l'ivresse, c'est l'ivresse de la lumière et du soleil absorbés dans la journée qui se fait sentir le soir.

Séville avait eu, ce jour-là, sa dose exacte de soleil, car tout était bruit, mouvement et gaieté dans les rues ; toute la population était dehors, dans la rue et sur les balcons, pour jouir de la splendide soirée qui s'annonçait.

A peine brossés, à peine restaurés, nous sortons, gagnés par la même ivresse, pour prendre aussi notre bain d'air tiède. Les places plantées d'arbres sont pleines de monde, mais la foule est surtout plus compacte dans une petite rue, « la calle de las Sierpes », qui est, à Séville, à peu près ce qu'est le Corso des villes d'Italie, le grand promenoir, le boulevard aux cancans.

La calle de las Sierpes est une rue très étroite qui va depuis la poste, derrière la plaza del Duque, jusqu'à la place de la Constitution où se trouve l'ayuntamiento. Au-dessus de ses maisons bariolées, peintes en jaune, en rose et même en bleu tendre, la rue est entièrement couverte d'un bout à l'autre par des toiles accrochées aux toits ; aux carrefours les toiles s'entre-croisent de façon à ne laisser passer aucun rayon indiscret, et l'on n'y jouit que d'une petite chaleur d'étuvée très supportable au lieu de rôtir comme dans les rues dépourvues d'abris.

Tout le commerce est centralisé dans la calle de las Sierpes et dans les rues environnantes ; c'est le quartier des marchands d'éventails, des bijoutiers, des libraires, et surtout de tailleurs et de modistes en quantité innombrable ; il y a des passants sur les trottoirs même dans le jour, et le soir on n'y peut avancer que pas à pas au milieu d'une foule compacte.

La rue prend alors un aspect féerique, les balcons qui règnent
sur toute la ligne sont chargés de monde, les grands miradors,

La puerta del Pardon.

encombrés de pots de fleurs, ornés au dehors de grandes palmes vertes, ressemblent à des cages suspendues aux maisons

qui porteraient, au lieu d'oiseaux, de jolies señoras jouant de l'éventail. A tous les étages pendent des grappes humaines, particulièrement féminines. Au bas la foule se presse et bourdonne.

Plus de costumes, mais le pittoresque n'est pas banni pour cela. On a de quoi se rattraper avec les couleurs. Les femmes arborent des robes éclatantes et des châles flamboyants qui font penser, lorsque, sortant de l'ombre, elles passent devant quelque vif jet de lumière, aux bocaux rouges, verts ou bleus des pharmaciens, tout simplement, comparaison naturaliste que nous offrons aux poètes de l'avenir.

Les bourgeoises sont en noir, avec la mantille, et passent par groupes, l'éventail en main. La duègne n'est pas inconnue, quelques-unes de ces « horibles compagnonnes » se rencontrent, pilotant de jolies mañolas à l'œil peu candide.

Avec ses alternatives d'ombre et de lumière, avec sa foule si colorée sur les balcons et sur le pavé, la calle de las Sierpes de ce soir-là restera dans notre souvenir. Quelques petites rues adjacentes participaient à son animation, la foule s'y pressait aussi éclairée par les boutiques et par les fenêtres ouvertes et garnies de monde jusque sous les toits. Les toiles tendues dans la journée étaient par-ci par là carguées, et par les ouvertures de ce plafond mobile apparaissait le ciel bleu piqué d'étoiles.

Le lendemain et les jours suivants ayant été des jours de fraîcheur relative, la calle de las Sierpes n'offrit plus du tout le même aspect. Il y avait les mêmes fleurs aux balcons, les mêmes châles rouges dans la rue, mais tout, balcons et promeneurs, avait un petit air calme qui ne ressemblait en rien au charmant laisser aller et à la bruyante gaieté du premier soir.

Mais l'été s'est montré cette année extravagant partout, il a été partout pluvieux et froid, et Séville n'a pas eu son compte de chaleur, les 40 et quelques degrés au-dessus de zéro dont elle jouit ordinairement. Le soleil en temps normal abuse et grille toute l'Andalousie pendant de longs mois ; les habitants de Séville ne commencent à respirer que vers onze heures du soir, alors les rues s'emplissent, on court au Prado, sur les grandes places, partout où l'on peut espérer un peu de fraîcheur. Les bancs qui garnissent les grandes places sur toute leur longueur, sont arrosés à outrance, l'eau d'abord siffle et rejaillit en touchant le marbre brûlant, mais à la fin ils se refroidissent et les Sévillanes peuvent s'asseoir et jouer de l'éventail pendant quelques bonnes heures.

La Giralda nous ayant hantés toute la nuit, nos premiers pas furent le lendemain matin dirigés vers la cathédrale ; la rue de las Sierpes était à peine éveillée, on ouvrait les boutiques et l'on tendait les toiles. Bientôt le sommet de la Giralda, avec la statue tournante qui la couronne, apparut au-dessus des maisons, et cinq minutes après nous étions au pied de cette merveille d'une ville qui est une merveille elle-même, comme le dit le célèbre proverbe :

> Quien no ha visto Sevilla,
> No ha visto maravilla.

La Giralda qui sert de clocher à la cathédrale chrétienne n'est arabe que jusqu'aux trois quarts de sa hauteur, c'est-à-dire jusqu'à quatre-vingts et quelques mètres. C'est une énorme masse carrée, solide et sans saillie aucune, mais couverte du haut en bas de ces sculptures arabes qui donnent à des édifices d'une lourdeur réelle, l'apparence de la légèreté. Sur chaque face au-dessus d'un premier corps moins ornementé, s'ouvrent quatre étages d'une seule fenêtre simple ou double, élégamment découpée, dans des arcatures d'un dessin charmant varié à chaque étage ; elles sont logées entre deux grands cadres d'ornements quadrillés, surmontés d'une fausse galerie d'arcs en ogive dentelée. L'œuvre construite vers l'an 1000 par l'architecte arabe Huever s'arrête là.

Le couronnement de la tour, ajouté au seizième siècle, est du plus élégant style de la Renaissance ; c'est d'abord un étage de la même largeur que la construction arabe, ouvert sur chaque côté de cinq grandes baies qui laissent apercevoir toutes les cloches et couronné par une balustrade ornée de boules et de pots à fleurs de fer. En retrait s'élève ensuite un campanile carré ouvert par une grande arcade sous laquelle se balancent les grosses cloches, puis, en retrait encore, se profile sur le ciel une sorte de lanterne qui sert de piédestal à la statue de la Foi debout sur une boule et tendant une voile. C'est de cette statue qui tourne à tous les vents que vient le nom de Giralda donné à la tour (*girar*, tourner).

L'édifice tout entier est d'une belle couleur blanche et rose ; dans la partie arabe le ton des briques sert de fond aux sculptures et aux décorations de stuc, plus haut elle est plus jaune et plus dorée, mais plus l'œil s'élève et plus il est agréablement arrêté par les détails et par les ornements qui se détachent en silhouette sur le bleu du ciel.

Au pied de la Giralda se trouve comme devant la mosquée

Séville le soir. — Calle de las Sierpes.

de Cordoue une belle cour mauresque nommée aussi le patio
de los Naranjos. On y pénètre par la puerta del Pardon ; ce
côté de la cathédrale est presque entièrement arabe, ce sont
comme à Cordoue des murailles garnies d'un couronnement
de créneaux taillés en degrés d'escalier, élevées sur une sorte
de soubassement de deux mètres qui fait le tour de la cathédrale, avec une ceinture de petites colonnes reliées par des
chaînes comme des bornes.

La puerta del Pardon est à la fois arabe, gothique et renaissance. L'arcade et ses fines ornementations, moins quelques
rinceaux de la renaissance, les deux battants de la porte et son
plaquage sont purement arabes, mais des statues d'apôtres et
d'anges sous des dais gothiques veillent de chaque côté. Immédiatement au-dessus des entrelacs mauresques, un grand bas-
relief chrétien est encadré dans la muraille, et la petite façade
se complète par un fronton à jour habité par quelques petites
cloches.

Le patio de los Naranjos est une grande cour carrée, bordée
en partie de constructions arabes et plantée d'orangers moins
beaux malheureusement que ceux de Cordoue, qui s'alignent
autour d'une vieille fontaine destinée jadis aux ablutions des
Arabes. L'immense vaisseau de la cathédrale dresse dans le
fond ses majestueuses murailles d'un gothique flamboyant,
ses tourelles, ses arcs et ses aiguilles. On sait que, lorsque le
chapitre de Séville voulut élever une cathédrale chrétienne sur
l'emplacement d'une ancienne mosquée arabe, il donna aux
architectes le programme le plus vaste et en même temps le plus
simple : Élevez-nous un monument tel que nul ne puisse, non

seulement le surpasser, mais même l'égaler en grandeur, en majesté et en beauté. Faites que l'on dise à sa vue que nous étions fous, vous de l'avoir conçu, nous de l'avoir payé.

Avec de pareils ordres, une pareille latitude, les architectes se sont lancés dans l'impossible, dans le fantastique et dans le rêve, ils ont entassé l'étonnant sur le vertigineux, ils ont réalisé l'irréalisable et produit avec tout cela le chef-d'œuvre colossal qui fait la gloire de Séville.

Le portail du transept qui s'élève au fond de la cour des Orangers, juste en face de la puerta del Pardon, malheureusement inachevé, est un des plus beaux morceaux de cet ensemble merveilleux. Le sommet seul est terminé; il présente, au-dessous d'une large balustrade, finement découpée, des entrelacements d'ogives et de rosaces du gothique le plus fleuri. La porte est flanquée de chaque côté par des faisceaux de tourelles cannelées, sculptées sur chaque pierre avec la finesse d'une broderie, de dessins presque arabes.

On pénètre dans la cathédrale par la porte du Crocodile, une entrée fort sombre cachée sous les arcades arabes à gauche du grand portail; ce côté est très curieux : il y a, donnant sur le patio, une petite chaire à prêcher en plein air qui sert encore à certaines époques, puis, sous la porte elle-même, quelques sculptures qui prennent dans le demi-jour un caractère bizarre rendu plus étrange encore par ce qu'on aperçoit en levant les yeux.

Sommes-nous dans l'antichambre d'un alchimiste? un énorme crocodile suspendu à la voûte montre son ventre vert; c'est, dit la légende, un cadeau d'un sultan d'Égypte envoyé au roi Al-

phonse le Sage. Sous le crocodile, l'intérieur de l'église semble
un gouffre noir, dans le fond duquel scintille comme un œil

La tour de l'Or.

rouge à demi fermé, un coin de la rosace d'une verrière. Une
nombreuse collection de très beaux mendiants rappelle que l'on

se trouve sous le porche d'une église. Quelques-uns assis par terre invoquent Dieu et les saints en demandant « una limosna » pendant que d'autres se promènent enveloppés dans leurs manteaux en fumant la cigarette et se contentant de tendre sans mot dire la main aux visiteurs.

Ce qui frappe, en entrant dans l'église, c'est son immensité dans tous les sens, immensité en longueur, immensité en largeur, énormité en hauteur. La nef est effrayante de grandeur et de noirceur, c'est à peine si, là-bas tout au fond, quelques ouvertures donnent un peu d'une lumière crépusculaire sur laquelle se dessinent les silhouettes colossales de piliers d'une grosseur véritablement fantastique. Comment dans ce pays du soleil a-t-il pu pousser une église aussi terrible ? quel contraste entre la Giralda, cette coquette, et cette énormité de pierres de taille, sombre et mystérieuse comme les plus mystérieuses catacombes ?

Cependant on s'habitue peu à peu à l'obscurité et, toujours écrasé par la grandeur du monument, on commence à en distinguer les détails. La capilla mayor ou le chœur est fermée d'une haute grille, et circonscrite entre des piliers plus gros que bien des clochers, qui montent, nus et lisses, sans sculptures et sans ornements, jusqu'aux voûtes. Tout est de proportion colossale, et l'on n'a qu'à jeter les yeux à travers la grille pour en juger : sur les marches de l'autel sont étagés des cierges hauts comme des mâts, qui semblent à peine proportionnés à la taille de l'autel ; plus loin des orgues gigantesques élèvent leurs hauts tuyaux et braquent sur les fidèles une autre série de tuyaux horizontaux semblables à une batterie de canons. Le jour de notre visite étant la veille de la fête de saint Ferdinand, le roi de Castille qui reprit Séville aux Maures en 1248, la statue du saint en costume du temps de Henri IV, est exposée sur l'autel de la capilla mayor. Demain est le grand jour, dans la chapelle royale derrière le chœur, le corps du saint, encore revêtu de son harnais de guerre, sera visible dans sa châsse d'or.

Nous n'entreprendrons pas l'énumération de toutes les chapelles de la cathédrale, toutes différentes de caractère et remplies de chefs-d'œuvre, retables, sculptures, tableaux, etc. ; chacune d'elles est un petit musée comme aussi les sacristies de la salle capitulaire où sont conservées, entre autres richesses, custodes, reliquaires, chandeliers, etc., les clefs de la ville remises à don Ferdinand.

On n'a pas le droit de ne pas monter dans la célèbre Giralda, la tour arabe qui sert de clocher à la cathédrale chrétienne, nous bénissons tous les jours le ciel de n'avoir pas pensé à nous soustraire à ce devoir, car il nous a permis d'entrevoir le dernier intérieur andalou de toute l'Espagne. C'est le logis du gardien de la tour, établi au rez-de-chaussée : un bruit de guitare s'échappait de la porte entr'ouverte. O bonheur ! une guitare pourvue de ses cordes. L'Espagne était retrouvée ! nous en avions vu une à Fontarabie, mais elle était accrochée au mur et elle manquait de ses organes essentiels. Depuis plus rien !.... on comprend notre joie.

Nous pénétrâmes, on était à table et, en attendant la tortilla surveillée par la ménagère, un jeune homme grattait une guitare de famille au ventre respectable et noirci par les années.

Devant la table une ribambelle d'enfants de tout âge et de tout sexe se culbutaient dans les chaises.

Nous admirions ; de temps en temps la ménagère jaillissait comme une bombe de sa cuisine établie dans l'escalier même de la Giralda et gifflait au hasard à travers les enfants. Et le jeune homme pinçait toujours de la guitare, accompagné par les lamentations des gifflés. Nous donnâmes une pièce douteuse, on nous rendit de la monnaie fausse, et enfin la ménagère, ayant terminé sa tortilla, nous ouvrit le passage.

On monte jusqu'au sommet de la Giralda par un petit couloir blanc en pente douce, qui tourne et retourne sans cesse en montrant par les meurtrières ouvertes dans la muraille les différents côtés du panorama de Séville. On arrive ainsi sans fatigue à la première plate-forme, où se termine la partie mauresque de la tour, à 85 mètres de hauteur, et l'on prend ensuite un petit escalier pour escalader le clocher.

Quelle vue sur la cathédrale qui arrondit ses dômes et dresse ses aiguilles immédiatement au-dessous, et dont on peut détailler à vol d'oiseau toute la curieuse architecture, les terrasses, les clochetons ajourés, les corniches gothiques, les petits chemins aériens pratiqués le long des balustrades ! Et quelle vue sur la ville avec ses campaniles d'église, sa plaza de Toros irrégulière, dont on aperçoit presque entièrement l'arène, ses édifices, ses milliers de maisons à terrasses, et son Guadalquivir.

En tournant sur l'autre face, voici les bâtiments de l'Alcazar mauresque entourés d'une enceinte de blanches tours crénelées, qui brillent sur les masses vertes des jardins San Telmo et de

Séville. — La Giralda

la promenade du Prado. Et par-dessus tout cela, par-dessus les
plaines d'un jaune d'or qui ferment l'horizon, un océan de bleu,
un ciel d'une pureté et d'une profondeur admirables.

Quand nous redescendîmes les pentes de la Giralda, les bruits

Terrasses.

de guitare et les lamentations recommencèrent dès le sixième
étage. La tortilla avait disparu, mais le jeune homme à la guitare grattait encore et la ménagère gifflait toujours avec le
même enthousiasme sa turbulente progéniture.

Bien entendu nous ne manquâmes pas d'aller visiter le lendemain la capilla reale de la cathédrale où le corps de saint
Ferdinand était exposé. La cour des Orangers n'avait plus le

même aspect; en l'honneur du roi un poste de soldats campait sous les arcades mauresques et fournissait des factionnaires à la porte de la chapelle. Il y avait messe et sermon patriotiques, quelques grands cierges allumés ressemblaient de loin à des étoiles tremblantes; au pied de la chaire du prédicateur, une cinquantaine de dames étaient agenouillées ou assises, l'éventail à la main, comme toujours; les hommes se tenaient debout derrière.

Ces cinq ou six cents personnes dans l'immense cathédrale faisaient l'effet d'un tout petit groupe, de temps en temps quelques ombres arrivaient et se prosternaient au pied des colonnes; devant l'autel de la Capilla Mayor où l'on disait la messe, un bedeau en costume du seizième siècle, une grande baguette à la main, faisait agenouiller tout le monde.

A la capilla de San Fernando, on se pressait pour voir le corps du roi dans sa châsse gardée par deux factionnaires, la baïonnette au fusil et le shako accroché sur le sac, mais la multiplicité des ornements ne permettait guère d'apercevoir autre chose que de vieilles étoffes et une apparence d'armure. La chapelle est très riche et contient les magnifiques tombeaux du roi Alphonse X, de la reine Béatrix, femme de saint Ferdinand, et de Maria de Padilla, la favorite célèbre et de sanglante mémoire de Pedro le Cruel.

A l'Escuela de baile.

CHAPITRE ONZIÈME

SÉVILLE (SUITE).

L'Alcazar. — Pierre le Cruel et Maria de Padilla. — La tour de l'Or et ses jardins. — Les promenades. — Les toreros en petite tenue. — Une escuela de baile.

L'Alcazar est situé tout à côté de la cathédrale. Devant le portail du transept opposé à celui de la cour des Orangers se trouve une large place, la plaza del Triunfo dont une des faces est occupée par les premières tours de l'Alcazar et l'autre par la casa Lonja. La casa Lonja est un édifice d'un style désagréable et lourd, dû à Herrera, un grand bâtiment carré au toit décoré d'une balustrade à grosses boules et de quatre pyramides aux angles. Le patio de cette caserne est d'un aspect plus agréable par bonheur ; l'édifice est occupé par le tribunal de commerce et par les Archives des Indes.

En face de la Lonja commence la grande enceinte de murs crénelés qui entoure l'Alcazar. Entre les tours, des petites maisons blanches se sont accrochées aux murailles aussi blanches qu'elles ; la première cour dans laquelle on pénètre est tout entière bordée de ces bâtiments et de ces tours crénelées, c'est la partie guerrière de l'Alcazar, chargée de défendre le palais des vieux rois maures, bijou précieux que les rois castillans ont plus ou moins détérioré.

Le palais proprement dit est au fond de la cour. La cour de la Monteria, ainsi nommée parce que sur les côtés se trouvaient les logements [des Monteros de Espinosa, descendants d'une famille qui possédait le privilège de fournir la garde particulière des rois. La façade se compose d'un grand portail décoré de haut en bas des plus belles fioritures de l'art arabe, flanqué de hautes murailles, nues jusqu'aux deux tiers de leur hauteur et ouvertes ensuite par une belle galerie d'arcades disposées trois par trois, soutenues par de hautes colonnettes blanches ; dans le portail, ces arcades sont plus petites et plus ornementées.

Que dire de l'intérieur ? Malgré les transformations opérées par les rois et particulièrement par Charles-Quint, malgré les restaurations et et les faux embellissements, c'est encore le plus charmant ensemble de décors d'opéra qui se puisse voir. Cela n'a pas la poésie et le grandiose de l'Alhambra, bâti au sommet d'une forteresse dont les tours en ruines sont escaladées par une forêt touffue, mais c'est gai, vivant et ensoleillé.

Le plus ravissant de ces décors d'opéra est le patio de las Doncellas, entouré d'une galerie d'arcades dentelées, soutenues par de petites colonnes de marbre blanc ; il n'est pas un pouce des murs de ce patio qui ne soit couvert d'ornements ; au-dessus des arcs, de délicates arabesques de stuc forment des dessins réguliers, ou s'enroulent dans les frises, sous la colonnade brillent les azulejos, carreaux de faïence vernissée, disposés en figures géométriques à dessins d'un bleu vif.

Le centre du patio est garni de fleurs et de plantes à larges palmes, entourant la vasque d'une fontaine. La galerie supérieure est de Charles-Quint. Ce patio étincelant s'appelle le patio de las Doncellas, parce que les rois maures recevaient sous ses arcades un tribut de cent jeunes filles payé par le royaume de Léon, jolie scène d'opéra cadrant bien avec le décor.

Au fond du patio s'ouvre la salle des Ambassadeurs, grande pièce carrée très haute, absolument couverte d'azulejos et d'ornements de stuc compliqués au possible, où se mêlent les dessins arabes et les écus blasonnés de Castille, les tours et les lions héraldiques. Ce sont des sculpteurs arabes venus de Grenade qui ont décoré cette salle pour le compte de Pedro le Cruel. Le plafond est une coupole en media naranja, moitié d'orange, peinte et décorée comme le reste, commençant au-dessus d'une série de portraits de rois de Castille, trop élevés pour qu'on puisse les bien voir.

Malheureusement beaucoup des carreaux de faïence qui garnissent le bas des appartements et des galeries de l'Alcazar sont tout simplement simulés en peinture à la détrempe, les anciens azulejos ayant péri dans le cours des siècles.

Après le patio de las Doncellas et le salon de Embajadores, il reste à voir le patio de las Muñecas, plus petit et tout aussi étincelant, quelques patios plus ordinaires, petits jardins remplis d'orangers, de figuiers et de bananiers, quelques salles où le marbre, le stuc et la faïence rivalisent d'éclat. Puis des appartements royaux, le salon mauresque d'Isabelle II, l'oratoire de Ferdinand le Catholique, l'appartement de Pedro le Cruel et celui de Maria de Padilla, l'épouse de la main gauche de ce roi Barbe-bleue si peu commode avec ses épouses de la main droite. Pedro et Maria de Padilla remplissent de leurs souvenirs tout l'Alcazar. Ici, Pedro fit assassiner son frère don Fadrique, plus loin il fit suspendre les têtes de quelques magistrats coupables sans doute d'avoir refusé quelque complaisance. Au dehors, sous les murailles, Pedro fit massacrer un roi maure de Grenade, Abou Saïd Alhamar, venu en grande pompe implorer son amitié.

Avant de gagner les jardins, le guide conduit le visiteur aux bains des sultanes, vaste pièce d'eau jadis à ciel ouvert comme celle des patios, et maintenant renfermée sous les voûtes d'une galerie gothique. Au temps de Pedro, Maria de Padilla remplaça les sultanes et s'y baigna au grand soleil; Pedro le Cruel admettait ses courtisans au spectacle des ébats aquatiques de la belle favorite et, tout en devisant gaiement, poussait la galanterie jusqu'à boire un peu de l'eau des bains, galanterie que les bons seigneurs s'empressaient d'imiter.

Un jour, Pedro, voyant qu'un de ses amis s'était abstenu de faire la galante libation comme les autres, lui demanda la raison de ce manque de courtois'e, et reçut cette réponse : —

Séville. — Plaza San Salvador.

Ah ! seigneur roi, excusez-moi, je me connais ; après avoir
goûté la sauce, je voudrais goûter à la perdrix.

Les jardins de l'Alcazar, étagés sur divers plans, sont merveilleux. C'est d'étage en étage un fouillis d'arbres et de fleurs
coupé par de petites allées briquées où se voient encore les
traces d'une autre invention de Pedro. Des lignes de petits
trous entre les briques sont les orifices de minces jets d'eau
qui peuvent encore, quand on veut les faire jouer, jaillir en
l'air et donner aux promeneurs l'illusion d'une pluie à l'envers.

Les masses sombres des figuiers, les sveltes panaches de
palmiers, les massifs d'orangers piqués de taches d'or, les allées d'ifs et de grands buis taillés, sont dominés d'un côté par
une grande colonnade rocaille dans le genre de la fontaine des
Médicis au jardin du Luxembourg, commençant au-dessus du
réservoir, grande pièce d'eau située sur une terrasse d'où l'on
embrasse une vue générale des jardins.

Les bâtiments qui s'aperçoivent sur les autres faces des jardins sont d'aspect plus mauresque ; ce sont de hautes murailles,
blanches à crever les yeux, percées seulement dans les étages
supérieurs de petites fenêtres en fer à cheval, ou par des galeries d'arceaux arabes éclairant les anciens appartements des
sultanes, puis des terrasses, presque marocaines avec le bleu du
ciel et les palmiers qui s'élancent au-dessus des patios, puis des
tours à créneaux pointus.

Au centre des jardins, non loin d'une autre pièce d'eau appelée Bain de la sultane, se trouve un petit pavillon circulaire,
plaqué d'azulejos, construit par Charles-Quint, pour y passer
ses heures de rêverie. Par les ouvertures de cette retraite em-

baumée, l'empereur pouvait apercevoir toutes les parties du jardin et jouir en toute tranquillité de la magique féerie apprêtée par l'art et jouée par la nature. Nous aimerions mieux cela que Saint-Just.

L'Alcazar et ses jardins sont complètement entourés de murailles blanches à tours carrées, se perdant parmi les maisons en descendant vers le Guadalquivir, interrompues ensuite par les transformations opérées pour la fabrique de tabac et pour les promenades, mais se retrouvant plus loin dans toute leur intégrité, et rejoignant les murailles de la ville.

Autour de l'Alcazar circulent des petits passages à nombreux zigzags, des petites rues blanches et tranquilles où tous les balcons des maisons silencieuses semblent se cacher sous les toiles flottantes.

Entre le Guadalquivir et l'Alcazar se trouvent quelques rues pittoresques occupées par des ateliers de serruriers, de menuisiers, par la douane et par les entrepôts devant lesquels stationnent toujours des muletiers et des charretiers.

Sur le quai planté d'arbres, et grillé tout de même par le soleil, il y a quelque mouvement, de grands et de petits navires sont amarrés sur les deux rives, un bateau à vapeur descend le fleuve, et dans le lointain se dessinent quelques hautes mâtures. Au bout du quai se dresse la tour de l'Or, remarquable par sa situation sur le bord du fleuve, à l'entrée de la promenade de Cristina, et importante par la place qu'elle tient dans l'histoire de Séville.

Cette vieille tour aux briques d'un beau ton doré est à trois corps, le premier très large surmonté d'une plate-forme à créneaux, et le second très étroit, également crénelé; le troisième semblable à une lanterne de phare est une petite logette à coupole couverte de faïences à reflets verts. On fait remonter sa construction aux Romains, mais les Arabes y travaillèrent aussi; longtemps elle servit de phare au port, qui se fermait par

Un coin de la maison de Pilate.

une chaîne partant de ses murailles pour aller s'accrocher en face au faubourg de Triana. Pedro le Cruel y enferma ses trésors et aussi ses maîtresses, quand la favorite en titre, Maria de Padilla occupait l'Alcazar, notamment doña Aldonza Coronel, venue à Séville pour demander la grâce de son père et de son mari, déjà exécutés. Plus tard, on y déposa l'or apporté d'Amérique par les galions, aujourd'hui ce sont de simples douaniers qui l'habitent.

La tour de l'Or était jadis reliée à l'Alcazar par des murailles qu'on abattit pour faire au bout du quai le paseo de Cristina, jolie petite promenade au centre de laquelle on a ménagé un vaste rond-point, le Salon, garni de bancs de marbre, ombragé par de grands et magnifiques arbres. La fraîcheur règne sous ces voûtes de verdure, tandis qu'à côté, le soleil brûle le pavé. Au fond des avenues apparaissent, violemment éclairés, les palmiers des jardins San Telmo.

Le palais San Telmo appartenant au duc de Montpensier est un immense édifice à la façade brillante et surchargée. Le grand portail est particulièrement ornementé, l'architecte s'est plu à torturer les lignes et les marbres de façon à faire une entrée ouvragée comme un bibelot. Les jardins sont merveilleux, malheureusement, le palais étant fermé, nous n'avons pu les voir qu'en faisant le tour à l'extérieur, ce qui n'a fait qu'ajouter à nos regrets. Des bouquets de palmiers, des touffes de plantes tropicales, jaillissant au-dessus des murailles nous donnaient une idée haute, mais bien incomplète, des splendeurs de l'intérieur où les arbres les plus rares, les plantes exotiques et toutes les curiosités végétales des pays du soleil ont été réunis et poussent merveilleusement sous le ciel de Séville.

La grande promenade à Séville est le Prado, absolument semblable à un bois de Boulogne quelconque, derrière le palais San Telmo. C'est tout ce que l'on peut imaginer de moins espagnol, comme public et comme promenade ; entre cinq et six heures de l'après-midi, on peut voir là les mêmes calèches, les mêmes cavaliers et les mêmes amazones qu'au tour du lac parisien. Seuls, quelques toreros détonnent au milieu des chapeaux noirs et des redingotes ; ce n'est pas qu'ils soient bien beaux, mais ils se tiennent admirablement à cheval.

Séville étant un centre de tauromauchie, on rencontre beaucoup de toreros ; dans la calle de las Sierpes, ils ont certains cafés attitrés où l'on en voit toujours trônant au milieu d'un cercle d'admirateurs. Désillusion ! Ces messieurs sortis de la plaza de Toros ont une tenue peu prestigieuse, et ressemblent beaucoup à des acteurs de province en quête d'un engagement. A l'heure correspondant à l'heure de l'absinthe sur nos boulevards, ils arpentent par groupes les dalles de la calle de las Sierpes en dégustant une cigarette éternelle. Voici le dernier genre : figure rasée, grand sombrero de peintre en décors, petite veste serrée à la taille, pantalon gris collant, pas de cravate et des diamants à la chemise. Signe particulier, derrière la tête : une toute petite queue de cheveux nattés, presque imperceptible, relevée à la japonaise.

Hélas ! hélas ! Où est le torero à pompons de jadis ? Où est le chapeau andalou d'antan ?

Autre désillusion cruelle ! Le moderne *barbier de Séville*, le petit fils de Figaro manque aussi complètement de prestige ; il n'a rien gardé du galant costume de son grand-père, et par quoi l'a-t-il remplacé ? par quoi, ô honte ! par une grandissime chemise descendant presque sur les talons, il la passe sur ses vêtements et elle lui sert de tablier ! de plus, affligeant mépris de la tradition, aucune guitare n'est accrochée dans sa boutique, en tous points semblable à celle d'un vulgaire raseur parisien.

L'ethnographie nous sera redevable d'une grande découverte, faite précisément calle de las Sierpes. Séville n'aurait-elle pas, à une époque incertaine, été colonisée par une colonie japonaise? Le pur type japonais se retrouve chez ses habitants et surtout chez ses habitantes.

Les yeux bridés, les pommettes saillantes, le nez aux narines écartées, tout y est jusqu'au teint et jusqu'à la coiffure des femmes, le mince chignon piqué de grosses fleurs rouges. A partir du moment où le premier germe de notre grande découverte nous est apparu, nous n'avons plus perdu de vue l'étude de cette question importante.

Dans les boutiques, au marché, aux balcons, dans les patios, toujours des Japonaises. Le jeu de l'éventail complète la ressemblance; à la fabrique de tabacs, encore des Japonaises et à Triana, faubourg gitano, nombreuses Japonaises ébouriffées et débraillées.

La fabrique de tabacs est derrière le palais de San Telmo, du palais on aperçoit la haute et interminable façade et l'on entend le bourdonnement des travailleuses. L'édifice, solide et complètement entouré de fossés, a l'apparence d'une caserne fortifiée.

Quatre mille femmes y travaillent, l'immense murmure qui s'échappe par toutes les fenêtres, fait admirer la sage prévoyance de l'architecte, il a construit sa ruche bruyante hors de la ville; — s'il y avait eu des voisins, il aurait fallu, au bout de peu de temps, élever pour eux une maison de fous. La Bourse de Paris est un asile tranquille à côté de cela; à six heures, le bruit redouble et les ouvrières se précipitent hors de la fabrica.

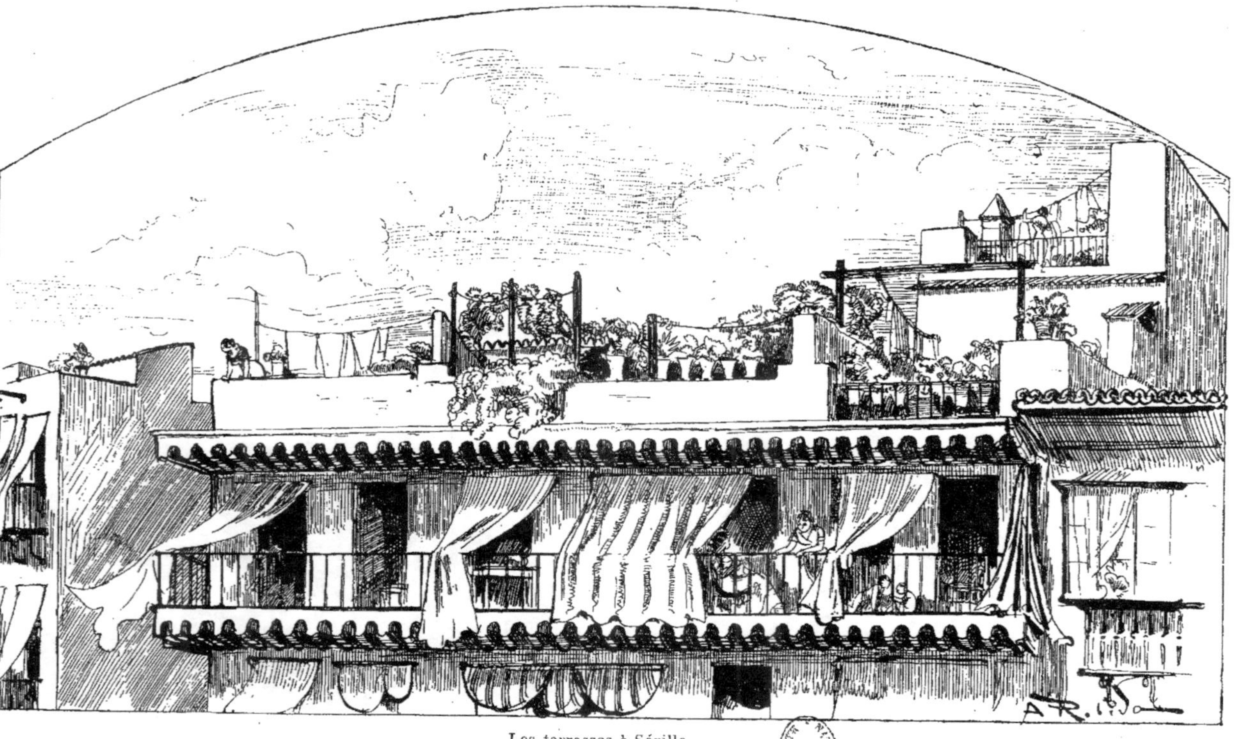

Les terrasses à Séville.

C'est un flot, une inondation qui s'écoule par toutes les issues, particulièrement par le quai du Guadalquivir, émaillé de leurs châles jaunes et rouges comme un champ de coquelicots et de coucous.

Les nombreuses églises de Séville sont plutôt intéressantes par leurs tableaux et leurs richesses intérieures que par leur architecture. Il y a bien quelques tours arabes, et quelques vestiges de mosquées, mais ces tours et ces restes ont subi trop d'altérations et de transformations. Parmi les façades les plus importantes se trouve celle de la Caridad, chapelle d'un grand hôpital, remarquable par l'application, dans les cadres des fausses fenêtres, de grands tableaux en carreaux de faïence.

Au nombre des palais ou habitations particulières à visiter, la maison de Pilate tient le premier rang. Elle est à l'une des extrémités de la ville près la porte de Carmona ; au dehors très peu apparente, elle ne se distingue que par une vieille porte sous une balustrade sculptée.

Mais l'intérieur est ravissant. Quand, la porte ouverte, on pénètre dans le grand patio, après un petit vestibule assez ordinaire, on ferme les yeux devant l'éblouissement d'une grande cour pavée d'une marqueterie de marbre, entourée d'une galerie d'arcs arabes, que surmontent des balustrades gothiques et les arcades d'une seconde colonnade. Colonnes de marbre, murailles revêtues d'azulejos, arcades aux fines décorations, balcons semblables à une dentelle, tout brille dans ce magnifique patio. La seconde galerie aux arcades plus légères est encore plus étincelante et détache ses blancheurs sur le bleu pur du ciel.

Dans le patio s'élève une belle fontaine, au centre de laquelle un groupe de dauphins soutient une seconde vasque surmontée d'une tête de Janus. Aux angles sous la colonnade sont placées des statues antiques venant de Rome. On monte à la galerie supérieure par un superbe escalier tout entier couvert par un revêtement d'azulejos que des coups de lumière, venant des petites fenêtres, font briller et miroiter.

La casa de Pilatos a été construite au commencement du seizième siècle par don Fadrique Enriquez y Ribera, au retour d'un pèlerinage qu'il fit en Terre Sainte. Ce seigneur, voulant en faire un souvenir de son voyage à Jérusalem, y organisa l'intérieur et les dépendances de façon à rappeler toutes les stations du chemin de la Croix. La maison s'appela la maison de Pilate, une grande salle devint le prétoire de Pilate, le balcon sur la place, le balcon de Pilate. Tous les épisodes de la Passion sont ainsi rappelés et la maison devint le point de départ d'un chemin de la croix aboutissant à un calvaire hors de la ville.

Tout cela est bien conservé et bien entretenu. Les azulejos surtout sont splendides, et tout concourt à faire de ce palais un ensemble véritablement éblouissant. La maison de Pilate appartient au duc de Medina-Cœli, qui possède à Séville sur la plaza del Duque un autre palais plus moderne, mais tout aussi brillant, agrémenté d'un superbe patio plein de fleurs entourant quelques palmiers.

L'ayuntamiento de Séville est situé place de la Constitution au bout de la calle de las Sierpes. C'est un édifice inachevé, en plusieurs morceaux, dont un est du plus joli style de la Re-

naissance ; ce côté de la façade est littéralement couvert de
délicates ornementations, de rinceaux et de feuillages, entourant les fenêtres, grimpant aux colonnes et courant dans les
frises. Des aguadores, des marchands de rafraîchissements se
tiennent sous des tentes bariolées à l'ombre de l'édifice municipal. Bonne place pour prélever un impôt sur les passants

Le barbier de Séville moderne.

desséchés par la traversée des espaces découverts. Au fond à
l'entrée de la rue de las Sierpes, un grand mât soutient, comme
un mât de navire, une grande voile tendue verticalement devant la rue, et se reliant aux toiles horizontales établies de maison à maison.

Une des rues voisines de l'hôtel de ville est comme une rue
du Sentier traduite en espagnol, on n'y voit que des magasins
de soieries et nouveautés, mais des magasins établis dans des
patios, abrités par des toiles, avec des rayons sous des arcades,

des comptoirs au pied des colonnes, et la vasque d'une fontaine fleurie au milieu. Malheureusement les commis sont irréprochables.

Dans une longue et tortueuse rue parallèle à l'éternelle las Sierpes se tient un long marché de bric-à-brac, plus amusant par le fouillis que par la qualité des objets mis en vente. Ce ne sont que bibelots et meubles disloqués, au milieu d'une immense quantité de saints et de madones tout à fait effroyables. Par-ci par-là quelques navajas rouillées et de mine innocente, plus loin des monceaux de castagnettes suffisants pour approvisionner des provinces, — mais de curiosités pas l'ombre.

De nos promenades à travers Séville bien des coins de rue nous sont restés comme des tableaux ensoleillés dans la mémoire ; ce sont au-dessus de longues lignes de balcons des séries de terrasses irrégulières, garnies de pots de fleurs et de linge à sécher, des fragments des vieilles murailles de la ville, des bouts de rues étroites tout entières plongées dans l'ombre, avec de nombreux miradores et dans le fond la haute Giralda, étincelante, dans un coup de soleil, etc.

Nous avons aperçu le faubourg de Macarena et visité Triana, le faubourg situé sur l'autre rive du Guadalquivir sur la route des ruines d'Italica, la ville de Trajan dont le faubourg porte d'ailleurs le nom peu déguisé. C'est le quartier de la fabrique de faïence et des gitanos. Dans la grande voie parallèle au fleuve, quelques intérieurs entrevus par des portes ouvertes avaient bien le caractère gitanesque ; au dehors des enfants se roulaient fraternellement avec des porcs dans la poussière épaisse et blanche, et de jeunes gitanas débraillées traînaient leurs petits frères tout nus en se dirigeant vers les fontaines avec des cruches sur la hanche.

Il ne nous reste plus donc, avant de partir, qu'à faire connaissance avec l'Escuela de baile, et avec les danses nationales, simple coup d'œil sur l'industrie et les beaux-arts.

On n'ignore pas que Séville est une cité industrielle et manufacturière, renommée par ses éventails, ses poteries, ses cigarettes et ses danses nationales. Depuis déjà longtemps tombée dans le marasme, cette dernière branche d'industrie ne produit plus que la quantité de pas andalous strictement nécessaire à la consommation de l'étranger ; l'indigène ne consomme plus.

C'est de l'exportation sur place. Il existe à Séville des Escuelas de baile, petites salles de bal vouées aux danses nationales et donnant à certains jours des soirées dansantes aux étrangers. Les vrais Espagnols ne peuvent guère arriver à se faire une idée des seguidillas et jotas aragonesas de jadis qu'en s'adressant à une agence de touristes quelconque et en se faisant piloter jusqu'à la dernière Escuela de baile par un guide d'hôtel assermenté.

Presque tout le personnel de notre fonda ayant consenti à consommer une séance de baile nacional, nous nous réunissons à neuf heures du soir dans le patio et nous gagnons l'Escuela de baile, conduits à la file indienne à travers les rues de Séville comme les Anglais aux buttes Chaumont.

De petite rue en petite rue, nous arrivons enfin ; une autre troupe de touristes s'engouffrant sous une petite porte nous indique suffisamment l'entrée du conservatoire. Après un escalier obscur dans lequel on rencontre une nombreuse quantité de sœurs, de mères ou de cousines des danseuses, la salle de baile apparaît resplendissante de becs au pétrole.

C'est un salon de cent couverts pour noces et festins, orné de peintures sauvages, de stores à bouquets de fleurs sanguinolentes ; il y a là rangés sur des chaises le long du mur tous les nobles étrangers que Séville possède dans ses fondas, des An-

La malagueña et le torero.

glais, des Américains, des Russes, des Japonais et des Français nombreux, les uns tout seuls, les autres avec leurs dames, car l'institution est très convenable.

Chose cruelle à dire, il y a un piano à l'entrée ; il est fermé à clef, nous avons un instant d'espoir, mais voici l'impressario lui-même qui arrive avec la clef ; heureusement les sœurs, les mères et les cousines des danseuses, groupées autour de l'in-

Grenade. — Entrée principale de l'Alhambra.

strument sortent des castagnettes de leurs poches et couvrent ses accords de leur mieux. Tous les yeux des nobles étrangers sont fixés sur une porte étiquetée : *Tocador de las señoras*. Le mot tocador réjouit nos âmes à tous, nous ne savons pas exactement ce qu'il veut dire, ayant oublié nos dictionnaires à l'hôtel, mais nous augurons bien de son apparence.

En effet, au bout de cinq minutes, un bruit de castagnettes éclate derrière la porte du tocador, et trois danseuses s'élancent dans la salle suivies bientôt de deux danseurs et de quatre toutes petites danseuses dans la fleur de l'âge.

Une des danseuses est jolie, l'autre l'a été et la troisième ne l'est plus. Celle-ci remplace avantageusement la grâce par la graisse, mais sa corpulence trop andalouse ne l'empêche pas de s'élancer avec énergie dans les cachuchas les plus endiablées, en retombant parfois de tout son poids dans les bras du danseur de son choix, le plus petit des deux naturellement.

Toutes les danseuses, grandes ou petites, ont le costume classique, à courte jupe largement ballonnée, à festons de dentelles, à ganses quadrillées et à pompons. L'un des danseurs est un Figaro noir, tandis que l'autre, grand et beau gaillard, porte l'ancien costume des montagnards de Ronda, avec le petit sombrero à bords élevés, les guêtres brodées de rouge, et la cape sur l'épaule.

Les boléros, les manchegas, les boléros de Jaléo de Jerez, boléros robadas, cachuchas, jotas, valencianas, etc., se succèdent pendant plus d'une heure. Le succès est pour le grand danseur à figure de contrabandista, qui vient avec la plus jolie

de ces dames, danser la malagueña et le torero, danse plus ac-
centuée que les autres.

C'est presque une pantomime : la danseuse, la figure cachée
sous une épaisse mantille, entre en jouant de l'éventail ; le torero,
enveloppé dans son manteau, tourne autour d'elle, et cherche à
voir sous la mantille un peu plus que les yeux, deux diamants
noirs étincelants qui percent les mailles de la dentelle, mais la

Finale.

mantille voltige et le battement d'aile de l'éventail s'interpose
toujours entre la malagueña et le torero. Celui-ci triomphe
pourtant à la fin et réussit à envelopper dans son immense
manteau cette danseuse aussi difficile à capturer qu'une libel-
lule.

Après la malagueña, une danseuse gitana nous donne un
échantillon de sa danse nationale. Cette gitane est une grande
fille bien portante, à l'air réjoui, vêtue d'une longue robe rose,
d'un châle rouge et de nombreuses roses dans les cheveux.

Depuis le commencement de la séance, elle se donnait
beaucoup de mouvement sur sa chaise pour accompagner les
danses de ses castagnettes ou de sa guitare ; maintenant qu'elle
danse elle-même, elle ne remue plus du tout.

Grenade. — Ancienne mosquée arabe, maintenant maison particulière.

Le seul mouvement de sa danse consiste en un balancement lent et rythmé des bras au-dessus de la tête, à la manière des almées orientales. A côté du piano les sœurs, mères ou cousins gitanes se démènent pour elles, agitent les castagnettes avec frénésie et chantent à pleine voix quelque chose de très criard, ressemblant tout à fait aux délicieuses harmonies des cafés marocains de nos expositions.

La séance de l'Escuela de baile se termine par une distribution générale de mouchoirs. Toute la troupe donne dans un pas dont nous ignorons le nom ; de temps en temps une danseuse se détache, avise un monsieur d'apparence suffisamment capitaliste, exécute devant lui quelques pirouettes gracieuses et s'envole en lui jetant un mouchoir brodé sur les genoux. De là, un ahurissement énorme des étrangers non prévenus, accueilli par les sourires de ceux qui sont au courant de l'usage.

Le premier servi est un monsieur marié, voyageant avec sa dame ; en recevant le mouchoir, il rougit, recule, regarde sa femme, puis la danseuse, puis le mouchoir, sans comprendre... Heureusement pour lui le guide fournit des explications immédiates et rassurantes.

Bientôt trois mouchoirs sont distribués, les quatre fillettes jettent les leurs avec le même cérémonial sans exciter le même intérêt. On sait maintenant que le seul devoir des personnes honorées de cette flatteuse distinction consiste à insérer dans un coin du mouchoir une petite pièce d'or ou d'argent.

Excellent moyen pour écouler avec honneur la quantité invraisemblable de fausse monnaie qui nous est restée de nos transactions dans le pays. Par malheur nous voyons passer successivement tous les mouchoirs sans en obtenir un seul, et la bohémienne en qui nous mettions notre dernier espoir jette le sien à un gros monsieur qui le reçoit d'un air scandalisé. Notre fausse monnaie nous est encore une fois restée pour compte. Fatalité !

Et maintenant un mot sur la peinture.

Ce n'est ni du musée de Séville, ni de la galerie Montpensier, que nous voulons parler; si nous prenons la plume du critique d'art, c'est seulement pour signaler les chefs-d'œuvre de l'école sévillane moderne.

C'est près de la calle de las Sierpes, dans la boutique d'un marchand de tableaux à quinze francs cinquante, que les beautés de cette école nous sont apparues : tableaux religieux, genre, nature morte, il y avait de tout ; à côté d'un toréador agonisant recevant l'extrême-onction dans l'arène et autres œuvres sentimentales, se trouvaient une série de tableaux de genre où la navaja jouait un grand rôle, des combats au pugnal, des assassinats pittoresques, notamment un Anglais coupé en petits morceaux à la suite d'une discussion, et le pendant, l'homme à la navaja résistant à la force armée avec son couteau de deux mètres. Des éventrements admirables, enfin, car le sang ruisselait jusque sur le cadre.

Il n'est pas jusqu'aux tableaux de salle à manger, plus folâtres, qui n'aient aussi la gaieté sanguinolente ; la perle de toute la galerie était une certaine pose de sangsues devant laquelle la foule stationnait émerveillée et qui nous parut être le comble du naturalisme dans l'art. Inutile de dire que ce chef-d'œuvre n'était pas de Murillo.

Grenade. — Les tours Vermeilles.

Le Généralife.

CHAPITRE DOUZIÈME

GRENADE

L'Alhambra. — Palais, tours et collines, en plein jour et au clair de
la lune. — Les tours Vermeilles.

C'est bien simple. Le paradis terrestre, dont on a cherché bien
à tort l'emplacement tout au fond de l'Asie, n'était pas si loin
que cela de nous ; il est ici, à Grenade. Nous pouvons même
dire le paradis terrestre et le paradis de Mahomet réunis ; on a
exproprié ce dernier, il n'en reste plus que le décor, les patios
à arcades et à grandes pièces d'eau, les galeries étincelantes,
les jardins et les boudoirs des sultanes suspendus au sommet
des tours, — l'Alhambra en un mot, le haut sur la colline
mystérieusement enveloppé dans son grand bois sombre.

Nous débarquons dans ce paradis par une belle nuit qui ne nous permet guère de voir que des avenues de grands arbres aboutissant à la plus noire et à la plus endormie des villes. A Paris, le peintre Clairin nous ayant conseillé d'aller habiter un hôtel hors de Grenade, dans l'enceinte même de l'Alhambra, nous avons toute la ville à traverser en omnibus. La ville nous paraît immense et nous mettons plus d'une grande demi-heure à rouler de rue noire en rue noire avant d'atteindre la porte des Grenades, au pied de la colline de l'Alhambra.

Tout est éteint et silencieux par les rues, tout est désert, le pittoresque des hautes maisons prend dans l'obscurité des proportions fantastiques et des allures étranges. Enfin l'omnibus grimpe une côte assez raide et nous nous trouvons soudain au milieu du bois, sous une voûte de feuillage. Nous montons lentement un large chemin bordé d'arbres fabuleusement élevés, dont les grandes branches se rejoignent et forment dôme à une hauteur prodigieuse. Un murmure profond et doux, un bruissement immense dans les arbres a remplacé le silence des rues, en même temps qu'une grande fraîcheur tombe de cette gigantesque futaie ; des ruisseaux, que nous ne voyons pas, jouent leur partie dans la mystérieuse symphonie, ils glissent sous les arbres à droite et à gauche en égrenant un chapelet de petites notes claires et fines qui semblent des variations sur la chanterelle.

De loin en loin un rayon de lune glisse à travers les épaisseurs feuillues et trace dans le chemin une raie de lumière tremblante, quelques troncs d'arbre apparaissent alors comme des piliers géants soutenant les voûtes ; on croise quelques allées aussi larges, aussi profondes et aussi majestueuses, tantôt montant droit vers les escarpements couronnés de vagues silhouettes et tantôt s'enfonçant au plus profond des massifs dans des gouffres inconnus.

Étourdis par la splendeur et la majesté de ce bois merveilleux, de ces allées semblables à des cryptes ou à des catacombes de feuillage, nous ne sommes plus pressés d'arriver et..... nous arrivons. Heureusement, l'hôtel est dans le bois, tout entier recouvert d'un grand manteau de vieux arbres comme un château de conte de fées, et le murmure des harpes éoliennes de la forêt y berce les voyageurs jusqu'au matin.

Le soleil, non pas positivement levant, malgré notre serment solennel de contempler le petit lever de l'aurore du haut des tours de l'Alhambra, mais enfin le soleil à peine levé nous montra le bois de l'Alhambra toujours aussi majestueux dans le jour qu'au sein des ombres de la nuit. L'obscurité ne nous avait pas trompés, les hautes allées de peupliers, de cyprès et de platanes étaient toujours aussi étonnantes de grandeur et de calme profond. Derrière l'hôtel, des bouts de murailles tapissées de lierre nous remplirent d'une joie intense. C'était l'Alhambra, ou plutôt un coin de la grande enceinte de fortifications contenant l'Alhambra.

En avant dans le feuillage ! Un chemin grimpant le long des murailles nous conduit au sommet de la colline, à la grande entrée de la forteresse mauresque. Ici, un simple mot de topographie. Grenade est dominée par une haute colline et sur la colline se dresse une grande ligne de murailles flanquées d'une trentaine de tours. L'Alhambra est sur ces tours ; le palais proprement dit ne tient qu'un très petit espace du sommet de la colline, le reste de la côte est occupé par la forteresse, l'Alcazaba, par le palais de Charles-Quint, par des places immenses, par des ruines, par une église et par un village.

La grande entrée donnant accès sur le plateau de la colline prépare dignement aux beautés de l'intérieur. Au fond d'une grande et sombre allée de hauts arbres, une énorme tour carrée apparaît, ouverte par une haute arcade en fer à cheval. La tour est rose, rouge et dorée par endroits, selon que son revêtement est plus ou moins écaillé, l'arcade fait un grand trou noir au fond duquel se dessine une autre arcade plus petite ; dans l'entablement carré de la porte, la pierre formant clef de voûte de l'arcade porte un bras sculpté, la main levée vers le ciel ; l'autre arcade sous la voûte est surmontée d'une clef également sculptée. Symbole obscur, diversement interprété, mais que l'imagination populaire explique d'une façon suffisante : quand cette main prendra cette clef pour ouvrir la porte, les chrétiens entreront dans Grenade.

La tour s'appelle la porte du Jugement ou de Justice, parce que les rois maures avaient coutume de venir s'asseoir sous la voûte pour y rendre la justice.

Un peu en avant de la porte, appuyée à une tour ronde, se trouve une fontaine nommée le Pilar de Carlos Quinto, élevée en l'honneur de Charles-Quint par le marquis de Mondejar. Cette fontaine, un assemblage de fleuves, de génies et de nymphes, serait remarquée partout ailleurs ; à la porte de l'Alhambra on oublie un peu de la regarder.

La tour de Justice, en tour guerrière qu'elle était, ne donne

pas entrée directement dans la forteresse, elle est seulement le
commencement d'un passage tortueux et resserré, commode pour
la défense. Avant de tourner dans le coude qui débouche sur
la grande place des Algibes, une autre tour attire le regard par
sa décoration. C'est la « torre del Vino », petit oratoire, au temps
des Maures, et plus tard endroit où les vignerons payaient l'impôt
sur leur vendange.

La puerta del Vino possède encore au-dessus de son arc
ogival une partie de ses décorations d'azulejos, des rosaces entourées d'arabesques et autour de ses doubles fenêtres, des
ornements de stuc en partie écaillés.

La place de los Algibes au débouché du chemin est une immense esplanade coupant le sommet de la colline en deux
parties inégales. A gauche est la plus petite partie, la pointe
du mamelon, occupée par l'Alcazaba ou forteresse des Maures ;
le château fort de l'Alhambra se compose de plusieurs lignes
de hautes murailles en partie ruinées, dominées par quelques
hautes tours carrées, parmi lesquelles la tour Quebrada,
la tour de l'Homenage, la tour de la Armeria et la tour
de la Vela, que surmonte un petit campanile avec une grosse
cloche, que les jeunes filles de Grenade mettent solennellement
en branle pendant toute la journée du 2 janvier, anniversaire
de la prise de Grenade, et qui possède le privilège d'assurer des
maris à celles qui sonnent le plus fort.

L'autre côté de la place des Algibes est arrangé en jardins ;
par-dessus les arbres apparaît le fameux palais de Charles-
Quint, pour la construction duquel on a démoli le palais d'hiver
des rois maures. Le palais de Charles-Quint n'ayant jamais

été terminé, il est comme une grande carcasse vide, sans toit ni fenêtres. Sans le redoutable voisinage du palais mauresque, on l'admirerait, dans son ensemble véritablement monumental et dans ses détails si intéressants, dans sa colonnade et dans ses bas-reliefs.

La bizarrerie de ce palais, parfaitement carré, est au centre un grand patio rond comme un cirque de taureaux.

Sous le sol de la plaza de los Algibes s'étendent de vastes et magnifiques citernes fournissant la meilleure eau de Grenade ; c'est là que les aguadores viennent remplir leurs tonnelets pour l'aller vendre en ville ; on en rencontre toujours sur la place ou dans le chemin. Le fond de la place, au-dessous des murailles de l'Alcazaba, domine en terrasses les pentes couvertes d'arbres de la colline au-dessus du ravin du Darro, et tous les toits du quartier de l'Albaycin, éparpillés comme une ville en miniature, sur l'autre bord, jusqu'au pied d'une autre colline, faubourg purement gitano, nommée le monte Sacro.

L'entrée du palais proprement dit de l'Alhambra est une toute petite et bien insignifiante porte cachée à l'angle du palais de Charles-Quint. On ne se douterait guère, à voir cet extérieur de petite maison tranquille, que deux pas, derrière la porte, vont suffire pour transporter le visiteur dans un autre monde, au milieu de l'étourdissante merveille architecturale léguée par une civilisation parvenue à son apogée.

Pas plus que la mosquée de Cordoue, l'Alhambra de Grenade ne peut se décrire. On peut à peine raconter comme le vague souvenir d'un rêve, les promenades faites sous les galeries de ses patios. On a rêvé. C'est trop beau pour être vrai. L'Alhambra

existe-t-il réellement ? Ne s'est-on pas endormi sur les mille et
une nuits et n'a-t-on pas tout simplement rêvé ces arcades fabuleusement découpées, ces patios frais et ombreux d'un côté, étincelants de l'autre, ces salles fantastiques, immenses, obscures,

Le mirador de la Reyna.

où l'œil distingue à peine des ornements pailletés aux enrou-
lements infinis, ces jardins remplis d'orangers et habités uni-
quement par le souvenir des sultanes mauresques, de la légendaire Lindaraja ?...

Mais non, on n'a pas rêvé ; ce qu'il y a de plus réel au monde, un plan et des photographies sont là pour donner au vague doré des souvenirs une teinte de précision et de réalité.

Deux patios surtout ont occupé nos rêves, le premier est le patio de los Arryanes ou des Myrtes, le moins décoré des deux, mais celui dont l'effet est le plus doux. Une grande pièce d'eau entourée de verdure, les anciens bains des sultanes, en occupe le centre et reflète une splendide galerie à sept arcades, découpées au-dessus des arcs, par des dessins d'une finesse inouïe tout à fait à jour. Au-dessus de la galerie, se dressent majestueuses les murailles rouges de la puissante tour de Comarès, la plus haute de l'Alhambra, percée de petites meurtrières et surmontée de grands créneaux pointus.

L'arcade centrale de la galerie, plus ouverte que les autres et surmontée d'une petite coupole, donne accès dans la salle des Ambassadeurs, une immense salle tenant toute la partie inférieure de la tour. Au premier pas, après un petit vestibule brillant, on ne distingue rien ; il règne dans l'énorme carré une obscurité que sèment d'une fine poussière d'or tourbillonnante, les rayons de lumière qui se croisent dans la salle, venant des ouvertures des quatre côtés.

Sur chaque face de la tour de Comarès, trois fenêtres à balcons coupent l'obscurité de leurs baies lumineuses ; celle du milieu est à deux arcs réunis par une grêle colonnette. Les embrasures de ces fenêtres, pratiquées dans l'épaisseur des murailles, forment des petites chambres entièrement revêtues d'azulejos et d'ornements de stuc; des inscriptions arabes répétées à l'infini courent comme des broderies autour des arcs et le long des frises, se confondant avec les ornements qui couvrent les murailles de leurs entrelacements fabuleusement touffus.

Cette décoration d'une richesse inouïe se continue jusqu'en haut, jusqu'au plafond en marqueterie de bois de cèdre, formée de morceaux ajustés les uns dans les autres, de façon à dessiner des lignes géométriques.

Des balcons suspendus en dehors de la tour, on plane sur le vallon du Darro et sur l'Albaycin ; vue superbe et vertigineuse, un ravin extraordinairement pittoresque, où rien de banal ne vient choquer le regard, où tout est merveilleux de couleur et d'inattendu, arbres, rochers, maisons et ponts du Darro. On domine tout, sommets des arbres, terrasses des maisons et clochers d'église, et par-dessus ce damier pittoresque et désordonné, on aperçoit des hauteurs escaladées par des chemins en zigzags, des rochers percés d'habitations de gitanos, d'immenses champs de cactus d'une verdure tendre, et tout en haut, à cheval sur la crête, une ligne de vieilles murailles en ruines, dentelées par le temps.

Par les balcons des fenêtres de côté, la vue embrasse en enfilade les hautes murailles, rejoignant d'un côté les tours de l'Alcazaba et de l'autre allant jusqu'aux ombrages du Généralife, en passant par les galeries aériennes du tocador de la Reyna.

Le second patio est la fameuse cour des Lions, si connue et si célébrée. C'est de tout l'Alhambra le coin le plus fouillé, le plus ciselé, le morceau d'orfèvrerie architecturale le plus précieusement travaillé. Au milieu s'élève la taza de los Leones, la fontaine des Lions, rare spécimen de sculpture arabe.

Sous les portiques de cette merveilleuse cour des Lions s'ouvrent différentes salles moins importantes, mais aussi décorées que la salle des Ambassadeurs. Ce sont : la salle des Deux Sœurs ainsi nommée pour les deux grandes dalles de marbre blanc qui brillent au milieu de son pavage ; la salle des Abencérages où,

Les murailles de l'Alcazaba.

suivant la tradition, les principaux chefs de cette tribu ont été décapités ; — meurtre historique dont on montre, naturellement, les traces sanglantes visibles avec les yeux de la foi sur le marbre d'un bassin central ; et enfin la salle de Justice, où les arabesques des murailles atteignent le plus haut degré d'élégance et de complication possibles, et qui possède des

Grenade. — Le ravin du Darro.

peintures arabes sur cuir de Cordoue, représentant des scènes de combats et des conseils de rois maures. — Le Coran interdisant la représentation des êtres animés, ces peintures, bien effacées maintenant, ont donné lieu à bien des suppositions, et l'opinion la plus générale est qu'elles doivent être l'œuvre de quelque chrétien prisonnier ou transfuge.

Partout ailleurs l'art oriental est un peu bibelot, mais il atteint ici à la grandeur et à la majesté, ce qui tient un peu aussi à la situation de ce palais de fées, bâti sur le sommet de tours situées au sommet d'une colline. En poursuivant notre rêve, puisque rêve il y a, nous parcourons, à la suite des gardiens, les galeries fantastiques des patios, et nous visitons les bains mauresques, fraîche salle aux parois revêtues de faïence, couverte d'une coupole percée d'étoiles, qui laissent passer quelques fins rayons de lumière. Un bas-relief, placé au temps de Charles-Quint au-dessus de la porte, représente une Léda superbe, mais un peu libre. Ensuite vient le patio de Lindaraja, un doux poème, planté de grands orangers, puis le tocador de la Reyna, orné de mauvaises peintures chrétiennes défigurées par les milliers de noms de visiteurs inscrits dans le plâtre, et enfin le mirador, belvédère à jour placé au sommet d'une tour.

Et dire qu'il y a seulement une cinquantaine d'années, le palais des rois maures était tout simplement un bagne ! Heureux forçats logés comme des sultanes et traînant la chaîne sous les féeriques arcades des patios : ce beau temps n'est plus, sans quoi l'*un* assassinerait l'*autre* ou l'*autre* occirait l'*un* pour se faire admettre au nombre des locataires.

Dans une petite pièce, une sorte de resserre, à côté des

grandes salles, on a formé un petit musée avec les fragments de
sculptures et d'azulejos recueillis dans les travaux de répara-
tion, avec quelques vieilles portes en marqueterie géomé-
trique et avec quelques menus objets. — Dans un coin est
tristement rangé le fameux vase de l'Alhambra, le plus beau et
le plus grand spécimen de poterie arabe, décoré d'arabesques
contournées bleues sur fond jaune; il lui manque malheureusement une de ses anses, et les dessins ont un peu souffert par
endroits. Au siècle dernier encore, il y en avait deux, mais le
second a disparu.

Après le palais, la colline de l'Alhambra offre encore une
nombreuse série de grandes et belles choses, de morceaux de
palais arabes transformés en maisons de particuliers. Sur la
crête des murailles après le mirador de la Reyna on rencontre
des bâtiments et des jardins charmants suspendus au-dessus
du ravin, juste en face du Généralife. — Ce sont des fragments
de mosquées et de palais de grands seigneurs arabes, élevés
autour du palais des rois; quoique en partie ruinés, ou trop
transformés, leur situation en fait des petits morceaux de
paradis.

Il y a surtout, parmi les plus ravissants de ces coins, l'habitation dite le Mirhab, située au fond d'un jardin fleuri. La porte
du jardin sur la rue est gardée par deux lions semblables à ceux
de la fontaine des Lions, c'est-à-dire non pas tout à fait des
lions, mais des représentations bizarres plutôt symboliques que
réelles d'animaux que la religion défendait de représenter.

Au fond du jardin orné de jolis ifs taillés et garni de fleurs
dans de grands pots rouges, s'élève la maison qui fut jadis une

Grenade. — La Casa del Carbon.

petite mosquée. La porte surmontée d'écussons castillans est
ombragée par une treille ; sur la gauche le bâtiment est resté
purement arabe, il a conservé ses belles fenêtres à colonnettes
entourées d'arabesques, ses frises courant sur le toit, son portail encadré d'azulejos et sa vieille porte arabe à dessins à compartiments, roulant sur des gonds placés extérieurement.

A côté de cette porte, une balustrade placée à l'extrême bord
de la tour domine le fond verdoyant du ravin escaladé par de
grands peupliers, et regarde de l'autre côté le coteau couvert
d'arbres que couronnent les galeries du Généralife.

Derrière le palais de Charles-Quint, ouvert à tous les vents, se
trouve une église chrétienne, élevée à la place d'une ancienne
mosquée ; puis vient une rue de village tranquille et propre, où
bien des maisons et des jardins conservent encore quelques
traces des palais de jadis. — Le reste de l'immense espace,
entouré de tours et de bastions mauresques, est plus ou
moins couvert de taillis et de ruines. — En suivant autant qu'on
le peut la ligne de l'enceinte, on rencontre bientôt la porte de
Fer, ouverte sur le ravin de los Molinos au milieu de murailles
de forte apparence et dominée par la haute tour de los Picos,
remarquable par ses grands créneaux pointus. La série des tours
se continue par la tour de la Sultane, la tour de las Infantas, la
tour de l'Agua, à la pointe opposée à l'Alcazaba.

Il est curieux de voir parfois, au-dessus d'un rez-de-chaussée
en ruines, des fenêtres à double arcade, à balcon de marbre,
donnant sur des salles décorées d'azulejos arabes bien conservés.
Les gigantesques ruines de ces hautes murailles de briques couvertes de bouquets d'herbes, criblées de trous ainsi qu'une

figure grêlée, et courant comme une muraille de la Chine sur un terrain accidenté, sont le domaine du silence et de la plus douce tranquillité. Pourtant quelques rez-de-chaussée de tours sont habités par des familles de gitanos qui s'y sont aménagés des abris que nous aurions bien voulu voir. La torre de los Picos près de la porte de Fer, est dans ce cas; pendant que nous étions en train d'en faire un croquis, ses remuants locataires d'en bas se battaient et cassaient quelque peu leur ménage.

Sur l'autre face de l'Alhambra, du côté du bois, recommencent les tours et les bastions. La première, contre laquelle est adossé l'hôtel que nous habitons, est la tour de los Siete Suelos ou des Sept Étages, qui se recommande à l'attention pour plusieurs raisons : la première parce que Boabdil quitta l'Alhambra pour toujours par une poterne située au pied de cette tour, poterne qui sert, croyons-nous, de cave à l'hôtel, — et la seconde raison parce que la tour est hantée par un revenant étrange, par une ombre de cheval sans tête, *el caballo descabezado*, hôte incommode et rageur qui n'a jamais laissé personne dépasser le quatrième étage de la tour, et qui, d'après la légende, serait un génie commis à la garde du trésor des rois maures, caché dans les étages supérieurs.

Des tours de l'Alcazaba, la forteresse, la vue est merveilleuse sur la ville et sur l'Alhambra, que l'on découvre à vol d'oiseau, en plongeant dans les patios et dans les murailles vides de Charles-Quint. Un pan de murailles reliant les tours forme un immense bosquet de cent mille roses, épanouies sur une longue charmille. Au pied de ce bosquet de roses, mouton-

nent les sommets des arbres du bois descendant au fond du
ravin, et remontant de l'autre côté sur une autre colline couronnée par les tours Vermeilles, une autre forteresse datant
celle-là des Phéniciens.

Une grande allée, semblable à celle qui mène à la porte du

Une fenêtre.

Jugement, conduit sous les arbres jusqu'au pied des tours,
énormes et carrées, maintenant encore occupées par des soldats. Elles font beaucoup plus d'effet vues de l'Alcazaba, ou vues
d'en bas des rues de Grenade, que vues de près. Vues de
l'Alhambra, au milieu de leur superbe encadrement de grands

arbres, ces tours surgissant, vermeilles et dorées, dans un ciel merveilleux, forment un tableau d'une splendeur incomparable.

Ces Torres Bermejas sont au nombre de trois, une très haute et deux plus petites, plus une sorte de bastion bas, en avant. Elles sont rouges comme toutes celles de l'Alhambra, dont le nom d'ailleurs veut dire la forteresse rouge. Le quartier de Grenade dominé par elles est des plus pittoresques, les maisons s'étagent sur les pentes, descendant d'étage en étage avec des sentiers en zigzag pour rues. Chaque tournant de ces sentiers découvre un coin de tableau charmant, tantôt une grande fontaine en terrasse à la pointe de l'un des zigzags, une grande auge couverte de pampres ; tantôt une ligne de terrasses avec des vignes en berceau ; tantôt quelque petite maison blanche à balcon débordant de fleurs. — Et l'on revient ainsi de surprise en surprise vers la porte des Grenades, au grand bois de l'Alhambra.

Ce bois de l'Alhambra si charmant est une succursale de l'université de Grenade : dans tous les chemins, sur tous les bancs, dans tous les bosquets, on rencontre toujours quelque étudiant en train d'étudier au frais sous les ombrages. — Dans un site pareil, sous d'aussi merveilleuses nefs de feuillage, toutes les études nous paraîtraient agréables, le Code civil même y gagnerait quelques séductions et nous nous sentirions capables d'y devenir de poétiques docteurs en droit.

On n'y rencontre pas que des étudiants, on nous a raconté l'aventure lamentable dont un gentleman anglais logé dans un des hôtels du bois fut la victime à la Noël dernière. Cet infortuné voyageur, désireux d'assister à la messe de minuit célébrée dans la cathédrale de Grenade, descendait tranquillement sous la haute futaie dépouillée de feuilles, lorsqu'il fut arrêté par de mauvais chrétiens qui, non contents de le priver de sa bourse, lui enlevèrent tous ses vêtements jusqu'au dernier et le mirent dans l'obligation de rentrer tout nu à l'hôtel.

La porte des Grenades, dans le fond du ravin, entre les tours de l'Alcazaba et les tours Vermeilles, marque la fin des féeries de l'enceinte de l'Alhambra. C'est une porte arc de triomphe bâtie sous Charles-Quint, à la place d'une ancienne porte mauresque ; elle porte à son fronton les grenades entr'ouvertes, armes parlantes de la ville, et se relie par de vieux murs en ruines aux murailles des collines, à peine visibles comme des taches roses, à travers la verdure serrée du bois.

Un Alhambra de jour étant un rêve, que dire d'un Alhambra de nuit, sinon que c'est une véritable hallucination ; dès notre première soirée nous courûmes voir l'Alhambra au clair de lune, pour nous rendre compte de l'effet général de l'édifice noyé dans le bleu sombre, alors que l'œil n'est plus sans cesse sollicité par les éblouissements et les émerveillements de détails.

A la clarté de ce beau ciel d'Espagne, tant de fois chansonné et que nul abus de chansons ne rendra ridicule pour quiconque a vu sa lumière, les proportions du palais nous parurent encore plus imposantes et plus harmonieuses. Les contours des patios, les reflets de la nuit sur le marbre des dalles, dans l'eau limpide des grands bassins, l'ombre emplissant les salles gigantesques, où de temps en temps un reflet de lune, bleuissant, faisait luire en paillettes quelques touches d'or ou de stuc blanc, tout donnait à l'Alhambra une grandeur mystérieuse et plus impressionnante encore que sa grandeur éclatant au plein jour.

Suivant souvent à tâtons notre gardien, nous reparcourûmes le palais dans tous les sens et revîmes les balcons de la salle des Ambassadeurs ouverts sur un gouffre noir et les galeries du tocador de la Reyna. Hélas! aucun des nombreux revenants de l'Alhambra ne nous est apparu, et pourtant chacun sait qu'ils sont nombreux, les braves guerriers maures et les sultanes qui reviennent la nuit fouler les dalles de leur paradis perdu.

Le jardin de la belle Lindajara, avec ses cyprès noirs et ses orangers vaguement effleurés par la lune, dormait d'un sommeil profond; pas une feuille ne remuait, pas un ver luisant ne luisait, pas une cigale ne chantait.

C'était le bon moment : assis ou plutôt couchés sur les carreaux de faïence qui revêtent les dalles du mirador de Lindajara, nous grisant de l'odeur des orangers, nous attendîmes le fantôme. Mais rien ne vint ; nous n'eûmes qu'une fausse alerte : à un certain moment des chants, lents, monotones, nasillards, mêlés de cris, une mélopée mélancolique et paresseuse, s'éleva dans l'air, venant du lointain.

Mais le gardien du palais nous expliqua que cette musique venait du faubourg gitane, situé au-dessous de l'Alhambra. Déjà, lorsque, penchés sur les parapets de la place des Algibes, nous attendions le lever de la lune, nous avions entendu les habitants du faubourg faire de la musique, mais ce que ces gitanos et ces gitanas chantaient en chœur, au pied des murailles d'Alhamar le Rouge et de Boabdil, n'avait rien d'arabe ni même d'espagnol, car c'était... la *Marseillaise* !

Grenade. — Le marché au blé.

CHAPITRE TREIZIÈME

GRENADE (SUITE)

La ville. — Le Zacatin et le cours du Darro. — Petites rues. — Les grottes des Gitanos. — Les marchés et les Alamedas. — Casa del Carbon. — Une caserne pompadour.

Grenade, sans l'Alhambra, serait encore une des villes les plus curieuses et les plus intéressantes parmi les villes espagnoles, de même que sans Alhambra et sans Grenade, le site où la ville et le palais sont assis serait encore, parmi les paysages espagnols, un des plus beaux, des plus variés et des plus fleuris.

La ville est très grande et très importante, les soixante-dix mille habitants d'à présent peuvent tenir à l'aise dans ses immenses quartiers et dans ses faubourgs grands comme des villes, jetés dans un désordre pittoresque le long des rives du Darro et du Genil et sur les pentes des collines. Elle peut se diviser en trois parties principales : Grenade proprement dite aux vieilles maisons serrées autour de la cathédrale : Antequeruela, vers le Genil, où sont les promenades (les Alamedas), partie riche et parsemée d'architectures d'un rococo espagnol ; et enfin l'Albaycin, le vieux faubourg mauresque sous l'Alhambra.

En sortant du bois à la porte des Grenades, on descend en ville par la côte de los Gomelès, une très jolie rue aux grandes maisons riantes, habitée jadis par la tribu des Gomelès, ennemie avec les Zegris du parti des Abencérages. Au bas de la cuesta de los Gomelès, on se trouve au plein cœur de la ville. Sur la gauche commence le Zacatin, la vieille rue marchande, en face est la plaza Nueva et sur la droite serpente le Darro profondément encaissé, bordé de maisons à pic.

Quelques boutiques de marchands de curiosités, de plaques d'ornements stuqués, d'azulejos arrachés aux édifices arabes, donnent quelque intérêt aux maisons de la place Neuve ; dans le fond se dresse l'Audiencia, grand édifice du seizième siècle, un peu noirci, à façade décorée de colonnes, de bas-reliefs et de blasons. Le Darro voûté passe sous la place Neuve, et l'on est par malheur en train de faire, sur voûte aussi, parallèlement au Zacatin, une sorte de rue Lafayette, pour laquelle on a sans doute beaucoup démoli. Cette rue Neuve, aux maisons sans caractère, a déjà de belles boutiques *à l'instar*, appelées à remplacer, hélas! les boutiquettes dont se contentaient les Grenadins d'autrefois.

L'antique Zacatin, la rue marchande des Arabes, n'a pas de ces prétentions au faux luxe et au clinquant des becs de gaz. C'est une étroite petite voie qui va de la place Neuve à la place Bibarambla, bordée de maisons datant peut-être des Arabes, et vouées depuis ce temps au petit commerce.

D'une fenêtre à l'autre, les marchands ont tendu de longues banderolles annonçant leurs marchandises. Dans l'une de ces ruelles il y a cinq ou six marchands d'éventails, qui ont remplacé les banderolles par des éventails gigantesques, aux couleurs criardes, badigeonnés de grandes inscriptions proclamant le bon marché et la perfection des produits de chacun. Ces sortes d'enseignes barrent la rue à la hauteur du premier étage, au-dessus de chaque magasin. Les petites rues aboutissant au Zacatin ont le même caractère et les mêmes enseignes. On passe sous cette façon d'arc de triomphe et l'on arrive dans un quartier remuant, vivant, grouillant, rempli d'une population qui va, vient, se pousse, se heurte. Mais, pas plus ici qu'ailleurs, le caractère bien particulier de la population des villes espagnoles ne se dément. Peu de gens parlent, personne ne parle vite, et personne ne parle haut.

L'ancien bazar arabe est dans ce quartier ; il était encore assez complet il y a quelque trente années, mais, un incendie l'ayant très fortement endommagé, on a dû le restaurer entièrement et refaire ses colonnades sur des fragments échappés au désastre. C'est une sorte de passage du Caire, étroit et long, occupé par de petites boutiques sous des arcades, et bien moins intéressant depuis le replâtrage.

Les petites rues entourant la cathédrale offrent des aspects curieux par un mélange d'architectures de tous les styles : maisons aux vives couleurs, égayées encore par des balcons surchargés de pots de fleurs et couverts de toiles rayées flottant à l'air ; sombres maisons patriciennes ou épiscopales à portes blasonnées, à fenêtres de prison garnies d'épais barreaux contournés, maisons de la Renaissance plus enjolivées se dressant en face des murailles gothiques de la cathédrale, semées de blasons, et surmontées de balustrades étonnamment fouillées où les armes de Castille reviennent sans cesse parmi les nervures gothiques.

Les différentes portes de la cathédrale sont remarquables, la plus belle peut-être est celle de la chapelle royale, où se trouvent les tombeaux des rois catholiques Ferdinand et Isabelle, les conquérants de Grenade. Les armes de Castille, portées par un aigle entre deux hérauts d'armes sur des colonnes, forment le fond d'une décoration héraldique pleine de grandeur.

Toujours dans les environs si mouvementés du Zacatin, un petit bout de rue étroite et sombre se termine par une façade de porte mauresque, bien abîmée et bien ruinée, mais encore étincelante de grâce et de gaieté malgré les éraflures et les trous qui ont enlevé une partie de son revêtement et détruit les broderies dont les sculpteurs arabes l'avaient couverte. Au milieu de cette façade s'ouvre un grand arc ogival dans un encadrement dentelé, couvert d'arabesques et surmonté d'un étage percé de

trois fenêtres dans des carrés de fines sculptures rappelant l'ornementation de la Giralda de Séville.

Ensemble et détails sont charmants, et du grand style arabe,

Une petite rue.

simple dans sa richesse, fleuri sans profusion ; ce qui donne un
aspect étrangement pittoresque à cette façade, ce sont les pauvres baraques qui l'avoisinent, les cahutes qui lui ont poussé sur

les flancs. Le bas de l'arcade est rétréci par deux échoppes accrochées aux murailles, dans l'une travaille un savetier qui tire l'alène en chantant devant sa porte, et l'autre doit servir d'écurie à quelque mulet d'un locataire. Derrière cette porte on se trouve dans une grande cour au centre de hauts bâtiments bordés par des lignes de balcons de bois sur lesquels sèche le linge de nombreux habitants. On dirait une cité ouvrière, une caserne à locataires.

Ce fut autrefois le palais d'un riche musulman, puis l'hôtel des postes des Arabes, et enfin le marché au charbon, d'où lui vient le nom de casa del Carbon, sous lequel l'édifice est très connu.

En tournant, pleins d'admiration pour les innombrables curiosités, dans le dédale des petites rues, nous découvrons une vaste porte, ouvrant sur une cour très profonde. Beaucoup d'ânes, beaucoup de mules, beaucoup d'âniers et beaucoup de muletiers, entraient par cette porte; nous suivons leur exemple et nous voici dans le marché au blé. On se fera une idée du nombre des bêtes de somme qui se trouvaient disséminées, soit dans la cour, soit dans les rues avoisinantes, en se rappelant que le procédé de transport en usage dans le pays est de mettre sur chaque bête un ou deux sacs selon ce qu'elle peut porter. Donc autant le marché pouvait contenir de sacs de blé, autant de quadrupèdes il y avait tout alentour.

A gauche de la cour un vaste portique soutenu par des colonnes carrées et trapues servait d'abri aux marchandises, les paysans débattaient leurs prix, puis mettaien t en tas la marchandise vendue ; et, le marché conclu, l'acheteur piquait sa canne dans le tas de blé tout comme un capitaine de vaisseau planterait le drapeau de sa nation sur une île qu'il vient de découvrir.

Sur les côtés de la cour, de distance en distance, se trouvent des petites auges où les animaux viennent boire. Sous la colonnade pleine d'obscurités, dans le fond, un petit coin bien espagnol : une marchande de rafraîchissements étalant ses alcarazas et son aguardiente près d'une petite chapelle signalée par un énorme *Ave Maria* peint sur le mur.

Autour du marché l'industrie est très active, mais elle est fort peu variée : des posadas, des bourreliers, des marchands de couteaux et de pistolets et quelques boutiques de quincaillerie.

Les patios de presque toutes les maisons sont transformés en posadas et là, au jour de marché, on peut voir tous les paysans et tous les costumes des alentours. Les innombrables boutiques de bourreliers égayent la vue, ce ne sont à leurs étalages que brides et licous, brodés et bariolés, œillères et muselières, harnais de toute sorte fleuris de pompons, mors bien étamés, enfin toute la coquetterie de harnachement, jetant son feu d'artifice de couleurs à tous les coins des rues poussiéreuses.

A la sortie du marché il y a des ateliers de maréchaux ferrants et tout un quartier de gitanos à la figure noire, aux vêtements ou très sombres ou très criards, campés là dans des maisons sans meubles, avec toute leur smala, et exerçant, selon les circonstances, l'une ou l'autre des industries particulières à leur race, soit marchands, soit voleurs de mules, d'ânes ou de chevaux. Les marchands de couteaux, poignards, pistolets, carabines, ne sont guère moins nombreux que les bourreliers et sont établis dans toutes les rues du quartier, qui avoisinent le marché aux blés.

Qu'un géographe exercé se charge de dire le chemin que nous avons parcouru pour aller du marché au blé jusqu'à un carrefour où se trouvent groupés les marchands de comestibles de toute sorte, quant à nous, nous y renonçons d'avance. Toujours est-il que nous vîmes se dresser devant nous une longue enfilade de maisons de l'aspect le plus curieux. Elles bordaient tout un côté d'une rue, tandis que de l'autre côté les maisons n'avaient que le caractère général des maisons grenadines. Les étages supérieurs étaient tous munis de galeries énormes, avançant sur la rue, posées sur de grosses poutres découpées et garnies de balcons de bois à petites colonnettes de bois tourné; ces balcons continuaient sans interruption d'un bout de la rue à l'autre. Les balcons du second étage avançaient sur le premier, et par dessus le tout, le toit avançait encore, soutenu par des poutres découpées. Aux fenêtres, en travers des balcons, dans tous les sens, on voyait pendre, sur des ficelles, du linge ou des vêtements qui séchaient. De ci, de là, sur ces mêmes balcons, les ménagères faisaient leur cuisine.

Presque tous les rez-de-chaussée étaient occupés par des bouchers et des fruitiers, et devant les portes s'étalaient de larges éventaires débordant de légumes; le bois des balcons, des toits et des poutres, la profondeur noire des rez-de-chaussée, les couleurs de fer ou de rouille des grilles, l'ombre même formée par les balcons, faisaient paraître plus vif le rouge des viandes et le bariolé de couleurs des légumes.

Tout le long de la rue, la chaussée est encombrée par de petits marchands de légumes et de fruits, et par leur marchandise. Une population remuante de ménagères et de paysans avec

Grenade. — La tour de Comarès.

18

leurs ânes circule dans cet encombrement et sans cesse on entend retentir ce cri : « Agua ». Ce sont les marchands et les marchandes d'eau, qui vont et viennent, portant soit des cruches, soit des tonnelets, ou plutôt des cylindres bardés de liège et emmanchés d'un long bec de métal. Les personnes qui ont vu la cérémonie du *Malade imaginaire* ou *Monsieur de Pourceaugnac* ont sans doute remarqué des hommes vêtus de noir, et portant des instruments que les auteurs comiques seuls peuvent nommer. Eh bien, la forme des tonnelets des marchands d'eau de Grenade rappelle, avec des dimensions exagérées, l'instrument que Molière a mis dans les mains de M. Purgon et de ses matassins.

Sur la place qui avoisine ce petit marché, se trouve un marché un peu plus grand, qui n'a rien de bien remarquable.

De petites rues, dont l'une contient une prison de l'aspect le plus féroce, des petits bouts de place, des petits coins habités par des artisans et des brocanteurs, vous ramènent dans le centre de la ville.

Sur l'éventaire d'un bric-à-brac nous apercevons un poignard de l'aspect le plus tolédan, et au moment où tout joyeux nous allions l'acheter, nous découvrons sur la lame ces deux mots : « Patented Birmingham. »

En tournant avec le Darro et en marchant vers le Genil, on rencontre des quartiers plus modernes et plus riches. Par là se trouvent le théâtre et les cafés, sur le Campillo, grande place en face de laquelle se dresse étincelante, dans un splendide manteau de neige, la Sierra-Nevada elle-même. Avec cette perspective de pics et de glaciers couronnant un massif bleuâtre, ce côté de Grenade, soudain rafraîchi, présente un faux air de Salzbourg dans son cirque de montagnes.

De superbes promenades s'étendent sur les bords du Darro, couvertes de grands et magnifiques arbres qui s'arrondissent en voûte comme les arbres du bois de l'Alhambra. Quelle ville que Grenade ! De pareilles promenades suffiraient sans l'Alhambra, le Généralife et toutes leurs merveilles.

Devant ces alamedas, se trouve une caserne bien curieuse, moitié rococo et moitié arabe. Sa façade sur la promenade est tout ce qu'on peut imaginer de plus Pompadour ; au milieu est un grand portail à deux étages de colonnes torses, surmonté d'un toit en bonnet d'évêque ; les frises débordent d'ornements guerriers, de bombardes et de boulets de canon ; de chaque côté de la porte et sur les angles du bâtiment se trouvent des niches décorées de trophées de tambours et de drapeaux et occupées par des statues plus grandes que nature, de militaires du siècle dernier, en habit coquet, à la moustache de sergent recruteur, coiffés d'un haut bonnet pointu dans le genre des mitres de la garde prussienne du grand Frédéric. Toute cette façade est de ce genre rocaille, mais sur le côté opposé l'édifice est resté arabe. Cette caserne étonnante s'appelle le Castillo de Bib-Taubi et a dû, au temps des Maures, être le donjon d'une des portes de la ville.

Sous l'Alhambra, le Darro coule rapidement et bruyamment au fond d'un ravin profondément encaissé ; une rue, la Carrera del Darro, remonte sa rive droite, mais l'autre côté est bordé de maisons surplombant à pic au-dessus du torrent. On ne saurait rêver rien de plus pittoresque, les maisons s'alignent

en désordre sur le rocher, des terrasses s'avancent, construites
sur des substructions d'édifices disparus ; ici des broussailles
pendent, là un gros figuier pousse aux flancs d'une terrasse.

Les balcons s'accrochent irrégulièrement aux façades ; sur
un point, au-dessous de grands bâtiments ressemblant à d'an-

Un balcon au-dessus du Darro.

ciens couvents, un fragment de vieil arc arabe resté comme
une arche de pont ou d'aqueduc brisée supporte un grand
balcon fleuri comme un jardin.

Des ponts en dos d'âne formant angle très aigu sont jetés
de distance en distance sur le Darro, mais comme la rive gauche
est plus haute que la droite, ces ponts ont un bout plus élevé

que l'autre de quelques mètres. L'église Santa-Anna qui possède un joli campanile arabe et des fenêtres en fer à cheval encadrées d'azulejos, s'élève sur la rive gauche à côté d'un de ces ponts. La Carrera del Darro aboutit à une petite promenade, un petit mail admirablement situé, en terrasse sur le torrent, avec la vue de l'Alhambra développant en face sa série de tours rouges, au sommet de la colline couverte d'un monceau de verdure.

C'est un des plus beaux endroits de Grenade, de jolies maisons de campagne blanches brillent au milieu des arbres, des vignes en charmilles, des ifs formant berceau et de grands cyprès dominés tout là-haut par la silhouette vermeille de la tour de Comarès.

En tournant le dos à l'Alhambra, on a devant soi les maisons de l'Albaycin où se trouvent des vestiges curieux de l'époque arabe, et quelques maisons, presque des palais, du seizième siècle, à façade remarquable. Au-dessus de l'Albaycin, s'élève le faubourg purement gitano, le Monte-Sacro, colline très aride, très ardue, entièrement couverte d'une forêt de cactus, et portant sur sa crête des murailles ruinées de couleur rousse, derniers restes des vieilles fortifications de Grenade, la ville aux mille trente tours, réputée au moyen âge comme la plus forte de l'Europe. La côte du Monte-Sacro est coupée à la moitié de sa hauteur par des sortes de tranchées formant une série de lignes blanches plaquées de taches noires de distance en distance. Ces lignes blanches sont simplement les façades, et les taches noires les portes des grottes habitées par les gitanos. Ces pauvres gens se contentent de vivre dans ces sortes de terriers,

creusés de temps immémorial sur le bord de la route, dans le
flanc même de la montagne; ils crépissent à la chaux la façade
et un fort vantail de bois leur sert de porte, de fenêtre et au
besoin de cheminée, car grâce au voisinage de la Sierra-Nevada
les hivers sont relativement rudes à Grenade. Dans ces caves,
ils ne sont pas aussi malheureux qu'on se l'imagine au premier
abord. L'hiver ils sont garantis du froid, bien mieux qu'ils ne le
seraient dans des maisons misérables, et l'été ils sont à l'abri
des grandes chaleurs. Dire que ces gens sont tous millionnaires
serait exagérer. Dans notre visite, il nous fut facile de constater
que, malgré les économies de loyer qu'ils font à demeurer dans
ces trous, il serait encore nécessaire que la ville de Grenade,
qui leur fournit gratis le logement, leur offrît aussi des habits et
encore peut-être la nourriture. Quelque distribution de monnaie
ne leur serait pas désagréable, et nous ne pensons pas qu'ils la
refuseraient; en attendant il n'est dans tout le quartier ni un
homme, ni une femme, ni un enfant qui ne vous poursuive de
l'éternel : « Señorito, una limosna por Dios. »

Nous nous demandons comment ces gens, qui semblent ne
pas avoir l'indispensable pour se vêtir et pour se nourrir,
peuvent acheter presque tous des ânes ou des mules, auxquels
il faut pourtant donner à manger. Vieilles villes pour vieilles
villes, le Sacro-Monte n'en vaut-il pas une autre, et ces maisons,
si l'on peut appeler ainsi de pareils trous, ne valent-elles pas
qu'on les cite, sinon comme les plus belles, du moins comme
un échantillon des plus anciennes qui soient dans la contrée?
Et puis ce peuple, qui parle une langue bâtardée d'arabe et
d'espagnol, mêlée de bien d'autres langues encore, qui vit de

la vie primitive, dans un état de familiarité absolue avec toutes ses bêtes, auquel on ne connaît d'autre moyen d'existence que le trafic des chevaux, des mules et des ânes, ce peuple qui a gardé le type et la couleur des Arabes ne donne-t-il pas une vie antique à ce coin de terre où matériellement le passé est resté intact?

Dire que notre sympathie pour ces gitanos irait jusqu'à aller

Sous les toits.

loger chez eux, non! Dans une de ses lettres, Henri Regnault raconte qu'il alla passer toute une nuit parmi ces gens, et qu'il fut même le parrain d'un de leurs enfants, mais il faut être Regnault pour se risquer ainsi parmi les puces gitanes. Et puisque nous parlons de Regnault, disons que son souvenir est resté, à Grenade, aussi vivant et aussi attendrissant qu'en France même. Le maître de notre hôtel possède une série de gamineries, de caricatures de Regnault, entre autres un portrait

de Regnault par lui-même, une charge, mais une charge d'une
ressemblance absolue. Il a bien voulu nous permettre d'en

Entrée du Ravin des Moulins derrière l'Alhambra.

prendre un décalque et c'est particulièrement pour *l'autre*, qui
a eu le bonheur de connaître et d'aimer Regnault, un souvenir

bien précieux. Dans les quartiers de gitanos, la légende du Français qui a servi de parrain à l'un des enfants de la tribu ne serait, paraît-il, pas inconnue.

Le Darro, venant de la Sierra-Nevada, sort d'un massif montagneux très tourmenté, dont les premiers escarpements sont les collines vertes de l'Alhambra et le Généralife, et qui se continue par des blocs de rochers dénudés et rougis. Entre les deux collines existe une ravine très étroite, la Cuesta de los Molinos, dans le fond de laquelle chante un petit ruisseau. En allant de l'hôtel des Siete Suelos au Généralife, une pointe hors de la bonne route nous mettant sous les yeux un paysage de l'aspect le plus fantastique et plus imposant, nous tournons autour de l'Alhambra et nous descendons le Ravin des Moulins avec l'intention d'aborder le Généralife par l'autre côté. Une route étroite descend rapidement avec des zigzags et des coudes brusques absolument inattendus, entre deux falaises colossales presque entièrement rouges sur lesquelles grimpent des bouquets d'arbres, des plantes de toutes sortes piquées de fleurs. Ces gigantesques falaises sont faites en partie de main d'homme : à gauche ce sont les tours de l'Alhambra plus ou moins ruinées, à droite c'est la colline du Généralife soutenue dans le bas par d'anciennes substructions, murs de briques et de cailloux percés de trous qui semblent des entrées de souterrains obstrués.

Une grande arcade, une façon de petit pont, enjambe le ravin et laisse pendre au-dessus de la route des bouquets de feuillage et de longues lianes fleuries. La route en descendant devient plus fantastique, les tours et les remparts prodigieusement élevés développent sur la gauche leurs masses rouges, écroulées ici, intactes plus loin, couvertes de lianes par endroits. Nous passons au pied des tours des Infantes et de la Sultane, puis sous les énormes remparts de la Puerta de Hierro dominés par la haute tour de los Picos.

Ici le chemin est encore profondément encaissé ; tout en haut, la ligne de tours se continue enveloppée dans le feuillage, au-dessus des arbres gigantesques d'une sorte de parc presque vertical. Le petit ruisseau du ravin que nous avons toujours entendu sans le voir, caché qu'il est sous une voûte de broussailles, se met à bouillonner et fait tourner les aubes d'un moulin extraordinairement pittoresque, à demi caché dans les arbres, derrière un petit aqueduc aux arches moussues et vermoulues.

C'est l'endroit le plus merveilleux : la colline tourne et par-dessus le moulin, par-dessus le Darro et les massifs d'arbres, se profile toute une face de l'Alhambra, le côté du palais, c'est-à-dire les murailles du Mirador de la reyna, de l'ancienne Mezquita, avec la tour de Comarès et celles de l'Alcazaba.

A cet endroit, une heure ou deux d'extase. Nous avons pour compagnons, outre quelques reptiles amis ou ennemis de l'homme, un petit gitano de cinq ou six ans ayant pour tout vêtement et pour toute chaussure une simple chemise ; il est de la tête aux pieds d'une belle couleur de bronze pâle, avec cette particularité bizarre que ses cheveux sont du blond le plus clair.

Cet enfant nous ayant véritablement adoptés, nous lui causons un chagrin violent à notre départ. Mais le Généralife nous réclame, nous avons hâte de voir ses pavillons, ses galeries, ses cyprès géants sept ou huit fois centenaires, dont un s'appelle le cyprès de la Sultane, en souvenir d'une certaine aventure, genre Watteau, arrivée sous ses branches à certaine sultane.

La route longeant le Darro conduit à la fontaine Avellana ou du Noisetier, au milieu de jardins semés de loin en loin de quelque jolie *Carmen*, nom charmant qui désigne les maisons de campagne grenadines entourées de vignes. Mais le Généralife est presque inabordable de ce côté où la colline est presque à pic, et après une lutte sérieuse avec la montagne, une escalade d'une demi-heure, il faut renoncer et regagner le vrai chemin de l'autre côté.

En savourant, sur la terrasse de l'hôtel, un repos bien gagné, nous eûmes l'occasion de donner à l'Espagne une preuve de notre amour pour l'éducation populaire en général et pour l'étude des langues en particulier. Deux petits mendiants nous demandaient l'aumône : «una limosna por Dios, — give me some money, — un sou, monsieur ! » Ils disaient ces trois phrases de trois langues différentes avec un talent vraiment remarquable. Mais lorsque nous priâmes ces deux polissons de nous demander l'aumône en allemand et en italien, ils durent avouer leur ignorance. Nous crûmes de notre devoir de compléter leur éducation imparfaite, et alors, nous en haut sur la terrasse, eux en bas sur la route, nous fîmes consciencieusement notre devoir de professeurs, et eux leur devoir d'écoliers, et nous leur fîmes répéter la leçon jusqu'à ce qu'ils la connussent à fond.

Espérons qu'eux-mêmes ils feront des élèves, et que les petits mendiants de Grenade connaîtront désormais tout ce qu'ils ont à savoir, de toutes les langues les plus généralement usitées

en Europe. Si nous avions eu le temps de faire faire des cartes
de visite à Grenade, nous nous serions donné comme titre :
professeurs de mendicité polyglotte. L'un de nos élèves d'ail-

Église Santa-Anna, Bords du Darro.

leurs n'est pas le premier venu, nous avons eu l'honneur d'en-
seigner l'allemand et l'italien au fils d'une des illustrations
locales. Dire illustration n'est pas trop ; quand vous vous pro-

menez dans les allées qui environnent la tour de Boabdil, vous apercevez un grand gaillard, à la figure noire, aux yeux noirs, coiffé d'un sombrero à bordure de velours et à pompons de soie brillante et portant avec crânerie un costume de parfait contrabandista.

Ce trabucayre de mine farouche vous contemple en agitant sa barbe en broussaille et en roulant des yeux féroces ; il vous poursuit, vous regardez avec inquiétude le gros bâton qu'il tient à la main, et vous donneriez volontiers quelque chose pour trouver instantanément la porte de votre maison et pour y rentrer. Il vous aborde, vous êtes moins rassuré que jamais ; il plonge la main dans la poche de sa veste, vous frémissez, et il tire de sa poche non la navaja que vous attendiez, mais une photographie, vous la met sous le nez, et vous dit soit en espagnol, soit en anglais, soit en français : « Monsieur, c'est 2 francs. » Si vous n'avez pas d'amour propre mal placé, vous donnez vos 2 francs, en attendant la suite de l'aventure, trop heureux d'en être quitte pour quarante sous ; alors il vous remet la photographie et continue son chemin.

Quand vous vous retrouvez parmi les personnes qui peuvent vous renseigner, vous leur faites part de vos terreurs, et vous leur montrez le portrait du trabucayre ; alors elles vous disent :

— Tiens, vous avez acheté le portrait du modèle de Fortuny.

Cet homme sinistre et si bien mis est simplement l'ancien modèle que Fortuny employait pendant les quelques années qu'il a passées à Grenade. Depuis la mort du grand peintre il a trouvé ce moyen ingénieux de gagner sa vie, en vendant son portrait aux étrangers.

Eh bien, l'un de nos élèves n'était ni plus ni moins que le propre fils de cet homme illustre, de ce Maure pur sang, vêtu comme un parfait Espagnol d'opéra comique.

Tout en regrettant de n'être pas né gitano du Sacro-Monte, il faut se décider à quitter Grenade. A l'heure fatale notre chagrin est aussi vif que celui de Boabdil, cependant les places étant retenues dans la diligence de Jaen qui doit nous faire rejoindre la ligne ferrée d'Andalousie, à Menjibar, entre Cordoue et la Sierra-Morena, il n'y a pas moyen de reculer. Nous quittons le bois de l'Alhambra à la première aurore, vers quatre heures du matin, après un dernier regard vers les tours dont les créneaux rougis par les premiers rayons du soleil semblent sortir d'un bain de rosée.

Nous prenons place sur le siège de la voiture de Jaen, édifice enlevé avec un bruit d'enfer par huit mules enragées, que fait voler un petit postillon qui va faire ses 30 lieues au galop, avec deux tomates et un petit verre d'aguardiente pour toute nourriture.

Nous traversons les faubourgs de Grenade non encore éveillés, et nous entrons dans la Véga, la campagne où les villas entourées d'immenses murs de roses se succèdent des deux côtés de la route. Mais bientôt, sauf une ferme de loin en loin, nous ne voyons plus que des prés et des champs; au bout d'une heure de route, les fermes disparaissent et nous sommes en plein désert. Jusqu'à Jaen, à 28 lieues, nous ne rencontrerons que Campillos, village pauvre et triste, où nous ne trouverons que de l'eau et des gendarmes, — ce qui donnerait raison à la chanson :

Sous le beau ciel de l'Espagne,
Sans boire ni manger
Voyager !

si nous n'avions pris nos précautions.

Ni habitant, ni habitation, ni chemin de traverse. Pas d'autres êtres humains sur la route que les cantonniers travaillant

Les grottes des gitanes au Monte Sacro.

avec une carabine à portée de la main, et tous les 5 ou 6 kilomètres, deux gendarmes en travers du chemin. Jusqu'à Jaen, nous comptons seize relais de gendarmes, ce qui fait trente-deux carabines sur la route sans compter celles des cantonniers. C'est toute notre distraction, avec les cris de nos conducteurs,

Grenade. — Caserne Bib-Taubi.

qui prodiguent à leurs mules tour à tour les noms les plus doux et les injures les plus graves, pour les faire marcher plus vite, en accentuant leurs discours par des volées de cailloux dont ils font provision à chaque relais.

Il nous souvient surtout d'une mule appelée Serrana (montagnarde), d'une nommée Cordobèse, deux grosses lourdes qui égosillaient le mayoral, notre conducteur en chef, et attrapaient sans trêve des volées de coups de fouet libéralement distribuées par le zagal, le second conducteur. Après le désert plat vint la montagne déserte, ici le paysage est d'une sauvagerie qui rappelle la Sierra-Morena ; le chemin est taillé dans le roc, et tout le long de la route une rivière torrentueuse coule en grondant sur un lit de grosses pierres.

La route se resserre en un défilé étroit entre de grandes roches à pic ; on sort ici de la province de Grenade pour entrer dans celle de Jaen.

A un certain endroit, des blocs de rocher sont tombés, la route est défoncée, nous devons passer la rivière à gué. Les mules, de bon ou de mauvais gré, solidement maintenues par leur postillon d'ailleurs, posent le pied sur le cailloutis rond en travers du courant rapide, et voici notre voiture enfoncée dans l'eau jusqu'à la hauteur de l'essieu. Un peu plus loin, même passage à gué. Cette fois les mules ont pris goût à la chose, et sautent gaillardement à l'eau.

Nous reprenons le chemin de la montagne, et enfin nous arrivons devant Jaen dont la campagne est en ce moment dévorée par des armées de sauterelles qui couvrent littéralement la route. La diligence traversant les corps d'armée en écrase des milliers, mais il y en a toujours. Au pont de Jaen, on creuse de grands trous dans le lit de la rivière pour enterrer celles que l'on ramasse.

On nous avait promis deux heures de repos à Jaen, malheureusement elles furent, par suite d'un retard, réduites à une petite demi-heure ; nous ne pûmes donc voir de Jaen que la grande place, l'église et l'antique Castillo qui couronne une montagne pelée au-dessus de la ville.

Puis, courant d'une vitesse stupéfiante sur une route plate, la diligence nous entraîne au sein d'un tourbillon de poussière jusqu'à Menjibar, où nous devons attendre le train pour la Sierra-Morena et pour Murcie.

Une Gitana.

Une maison de la Huerta de Murcie.

CHAPITRE QUATORZIÈME

MURCIE

Les bords du Segura. — Trop de blanc. — La calle de la Plateria.
La cathédrale.

Après Alcazar de San Juan, on a encore un certain nombre d'heures à rouler avant d'arriver à Murcie, et dans un pays presque toujours aride et desséché. Des rochers et toujours des rochers; on rencontre quelques rivières, des bouquets d'oliviers et des plantations d'esparto, grands joncs servant à la fabrication des nattes de spartero, principalement vers Calasparra, sur les bords du Segura. — Plus loin sont des salines, les champs bordant la voie sont couverts d'une couche blanche de sel. Mais le fond du tableau est toujours sec et rocheux; on ne voit que des montagnes tourmentées, calcinées par le soleil, et de temps en temps quelque petite ville, aux maisons frites, aussi brûlée que les pierres de la montagne.

Le pays s'améliore un peu avant Murcie, on aperçoit un peu plus de végétation, chaque petite ville possède une petite huerta cultivée et boisée. Le chemin de fer longe le Segura coulant dans un large lit au milieu de grandes plaines, les palmiers et les aloès commencent à se montrer pour former après Alcantarilla, la dernière station, la note dominante du paysage.

Quand on roule depuis trente-deux heures, dont douze heures accroupi sur la banquette d'une diligence et le reste du temps avec plusieurs changements de train pour tout exercice, quand on est depuis trente-deux heures enfermé, on ne s'occupe pas de savoir s'il est midi, si le soleil est trop chaud et s'il est dangereux de marcher à travers les rues. On saute vite hors du wagon, on jette son bagage sur l'omnibus de l'hôtel et l'on va de son pied léger au hasard des chemins, jusqu'à ce qu'on ait retrouvé son bagage et son hôtel.

Nous fîmes de la sorte à Murcie, c'est d'ailleurs un système chez nous d'entrer toujours à pied dans les villes que nous voulons bien connaître, nous recueillons de la sorte une première impression que la suite rectifie souvent, qu'elle ne détruit jamais. L'aspect de la ville de cette façon nous saute aux yeux.

L'aspect de Murcie sauta sur nos yeux pour ainsi dire, sauta dedans et ce fut un moment à croire que nous risquions de devenir aveugles. Pour la première fois de notre vie nous avons appris à Murcie ce que c'est que le blanc.

En sortant de la gare nous avions trouvé devant nous une route longue, large et banale, plantée de grands arbres rôtis

par le soleil et couverte de poussière, à droite et à gauche de
cette route de petites maisons d'une banalité désespérante et
comme population des malheureux ou de petits bourgeois ressemblant à tous les petits bourgeois et à tous les malheureux
du globe.

Agacés par cette banalité, nous avions pris de petites rues
transversales, rues très courtes aboutissant à des champs,
puis des rues parallèles au grand chemin et filant en ligne droite
jusqu'à la rive du Segura. C'est là que nous avons été victimes
de l'éblouissement dont nous venons de parler. Que l'on s'imagine des dés de craie percés de portes et de fenêtres se suivant
sans interruption toujours en ligne droite et de façon telle que,
contrairement à ce qui a lieu dans les rues tortueuses, lorsque
le soleil frappe sur un côté de la rue, il fait briller tous les
murs d'un même éclat également aveuglant sans un repos, sans
un soulagement pour la vue. Dans les villes purement arabes
les rues sont étroites, elles tournent, l'ombre d'un des côtés sou-
lage toujours la lumière de l'autre ; dans le quartier arabe de
Murcie rien de tout cela, au bout d'une dizaine de minutes de
vagabondage à travers ces rues que les habitants se gardent
bien de fréquenter à pareille heure, nous nous retrouvions à
l'extrémité du grand chemin de la gare qui touche au vaste pont
posé sur la rivière.

A cette époque le Segura n'avait pas l'air de se douter de la
célébrité dont il allait bientôt jouir ; il coulait, bonasse et bon
enfant, peu abondant, dans un lit assez bas et relativement
assez large. Les maisons posées à pic sur la rive à gauche du
pont étaient tranquilles, munies de fortes grilles aux fenêtres et

semblaient plutôt disposées contre les voleurs que contre
la rage des eaux. A droite du même côté il y avait un bain public, des jardins plantés de palmiers et de petites villas ; à la
tête du pont, au bord de la route des hôtelleries, un grand magasin d'instruments aratoires et les diverses petites industries que
l'on trouve à toutes les entrées de villes. Il est nécessaire d'oublier de parler d'un certain petit jardin public, poudreux et
rôti, enlaidi par la statue du bienfaiteur, qui jadis en a gra-
tifié la cité. Cette imitation malheureuse du square Montholon remplit les gens de Murcie d'une grande fierté. Ils ne s'a-
perçoivent pas de la parfaite laideur et du ridicule absolu des
végétations pauvres, à l'instar de nos jardins anglais, lorsqu'on les aperçoit à côté des jardins empanachés de palmiers
gigantesques, de magnoliers et d'arbres de toute sorte que nous
ne connaissons, nous, qu'à l'état de plantes de serres, chétives
et rabougries.

Voici tout ce que Murcie offre aux visiteurs sur la rive droite
du Segura. Traversons le pont, entrons dans Murcie et faisons
remarquer aux lecteurs une circonstance particulière qui dans
l'état actuel de Murcie offre une gravité sérieuse. De la dernière
planche du pont à l'extrémité de la petite place sur laquelle il
aboutit, il y a une différence de niveau qu'à l'œil on peut éva-
luer à plus de cinq mètres, de façon telle qu'en cas d'inondation, l'eau doit descendre des quais dans la ville avec une vio-
lence terrible. Le bas de la ville est tout entier de niveau avec
le bas de cette place et l'eau, lorsqu'elle a fait irruption, a dû
se précipiter presque partout d'un même coup.

Une pente moins forte mais presque aussi dangereuse fait

courir les mêmes risques au faubourg que nous venons de traverser.

Il est midi, nous laissons à notre droite, sur le quai, deux grands
bâtiments que nous verrons tout à l'heure, et sur ce quai également, à notre gauche cette fois, un marché, au bout du marché un escalier de pierre, au-dessus de l'escalier une longue

Murcie. — Vers les faubourgs.

terrasse dominant le fleuve d'un côté, et de l'autre côté bordée
par des jardins qui tous sont à plusieurs mètres en contre-bas de
la terrasse. On n'y peut entrer que par des escaliers ou par des
allées en pente.

On comprend facilement qu'en cas d'inondation cela devient
de véritables réservoirs.

Quoique nous eussions déjà traversé une grande partie de Murcie, nous ne pouvions pas nous résigner à croire que la ville pût être de tous côtés aussi peu pittoresque que son premier aspect nous la montrait.

Cordoue, Grenade, Murcie, ces trois noms de ville vivaient inséparables dans notre mémoire et notre imagination se refusait à admettre que les Maures ayant laissé dans les deux premières villes des merveilles sans égales au monde, il pût ne plus rien exister de ce qu'ils avaient plus que certainement dû laisser dans la capitale de leur royaume de Murcie. A mesure que nous marchions nous devenions moins exigeants ; nous ne demandions pas à trouver l'Alhambra, nous ne rêvions pas la Mezquita, mais le moindre débris de porte, le moindre reste de patio, un simple revêtement de faïence oublié sur un mur nous eût comblé de joie. Petit à petit nos rêves se faisaient de plus en plus humbles, une façade du seizième ou du dix-septième siècle, la trace d'un palais ou d'une habitation patricienne, n'importe quoi, une simple drôlerie ayant une couleur locale, un aspect de rue qui ne ressemblât point à Melun ou à Corbeil, voilà tout ce que nous demandions au ciel, mais le ciel implacablement bleu, férocement chaud, s'obstinait à nous le refuser.

Hélas ! hélas ! des sièges, des inondations répétées et surtout des municipalités embellissantes ont sévi sur Murcie ; de là vient sans doute la disette de monuments anciens dans cette antique capitale. Dans le dernier siège, pendant la guerre de succession, Murcie fut sauvée par son évêque, qui détourna le Segura et couvrit Murcie par l'inondation de la plaine. Las et découragés, nous entrâmes sans soif dans une sorte de café ; là, au milieu

d'une grande salle étroite et longue, ornée d'une grande chaire
à prêcher recélant un piano en palissandre, la couleur locale
nous apparut sous sa forme la plus intense.

Nous dégustions une orchata, façon d'orgeat, lorsque nous
vîmes la portière qui abrite l'entrée du café s'ouvrir. Un homme
silencieux traversa la salle, se jeta à nos pieds et, en espagnol
naturellement, nous dit : « Messieurs, permettez-moi de cirer
vos bottes.

« — Jamais, répondîmes-nous, altérés de couleur locale,
nous tenons à cette poussière marocaine. » L'homme sans mot
dire se sauva par une autre porte ; immédiatement un second
industriel de la même catégorie entra par la première porte,
se précipita vers nos bottes, avec les mêmes intentions. Recevant la même réponse, il se sauva comme l'autre, au moment
où un troisième confrère soulevait la portière. Nous avions
l'air de jouer la pantomime : un cireur était à peine parti, qu'un
autre sortait de la coulisse.

Ces distractions douces et pures étant les seules que le café
pouvait offrir, nous courûmes en chercher ailleurs et nous dé-
couvrîmes la grande artère de la ville, la rue commerçante et
fréquentée, la calle Plateria, qui est à Murcie ce qu'est la
calle de las Sierpes à Séville.

C'est une longue et étroite rue, défendue contre la trop vive
lumière et contre le soleil par des toiles accrochées sous les
toits sur toute sa longueur. Tous les rez-de-chaussée appartien-
nent au commerce qui paraît consister surtout en nouveautés
et articles de modes. Il y a des étalages de mantes aux vives couleurs, de foulards stupéfiants dont la simple vue mettrait un

jeune veau en fureur et le rendrait capable d'éventrer une demi-douzaine de picadores et de faire du mal à Frascuelo lui-même, prima spada de Madrid.

Ce sont des foulards pour les Murciennes de la campagne qui arborent ces étoffes impressionnistes pour lutter aver l'éclat des fleurs de leurs jardins.

En croirons-nous nos yeux? Le petit truc de la liquidation a pénétré jusqu'à Murcie. De grandes banderoles jetées en travers de la rue nous montrent que les magasins luttent de réclames pour attirer le client.

Les mots *Liquidacion, Nouveautés de Paris* en lettres de 50 centimètres flamboient sur ces banderoles ; plus loin la concurrence fait flotter une autre banderole plus grande avec un gigantesque : *Mas barato !* meilleur marché ! Il y a comme cela des mas barato tout le long de la rue. Mais le client ne paraît guère y mordre, car les commerçants pour occuper leurs loisirs, assis sur le pas de leur porte, se font cirer les bottes par les cireurs funambulesques de tout à l'heure.

Dans la calle Jaboneria, une petite rue voisine de la calle commerçante, une façade de vieille maison présente quelque intérêt par son allure générale et par quelques détails de sculpture. Au-dessus de la porte d'entrée, qui conduit à un petit restaurant, un grandissime blason sculpté dans la muraille est supporté par deux immenses sauvages plus grands que nature, et bien amusants comme figure et comme costume. C'est une anciennne maison seigneuriale, comme il en reste encore quelques-unes, malheureusement plus maltraitées et mises au goût des bourgeois du siècle dernier.

Les édifices manquant, ce qu'il y a de plus curieux par les
rues sont les balcons, portés par des arabesques de fer, ornés
de grandes palmes desséchées et abrités par des rideaux flottants. Il y a aussi beaucoup de fenêtres grillées complètement par
de solides barreaux, derrière lesquels les senoras ressemblent
à des oiseaux en cage. Le soir aux heures fraîches on bavarde
beaucoup de la cage à la rue, et ce ramage donne à quelques

Paysans de la Huerta.

rues, où ces fenêtres-cages pendent à toutes les façades, l'apparence d'une volière.

Des couvents de femmes dans quelques quartiers ont l'aspect
plus étrange, les murailles épaisses et grises sont presque
sans ouvertures ; tout en haut seulement se trouvent des sortes
de moucharabiehs en saillie sur la rue, mais complètement
fermés par des lames de jalousie, pour que les recluses puissent voir sans être vues. Ce ne sont plus des cages, mais des
pigeonniers.

Dans quelques rues vers les faubourgs, les seuls habitants visibles sont des troupeaux de chèvres couchées à l'ombre, formant des masses blanches pointillées de centaines de cornes.

Mais allons savourer un peu de fraîcheur sous les voûtes de l'immense église qui domine toute la ville de sa masse chauffée à blanc par le soleil.

La cathédrale est colossale, son portail est colossal, sa tour est colossale, mais ces belles dimensions ne peuvent rien y faire, la cathédrale de Murcie manque d'aspect à l'extérieur et de caractère religieux à l'intérieur. O merveilles gothiques de Burgos, de Tolède, cantiques de pierres, Bibles sculptées, hymnes solennels des siècles de foi, où êtes-vous? La cathédrale de Murcie est du dix-septième siècle, c'est tout dire. Sa façade corinthienne et composite est décorée avec richesse et bon goût de nombreuses sculptures, bas et hauts reliefs, statues, groupes, distribués avec ordre et régularité; enfin elle est grande sans grandeur, et riche avec froideur.

La tour, très haute, est dans le même goût, très décorée, sans beaucoup d'intérêt pour le regard. L'intérieur est un peu plus intéressant, les nefs immenses présentent quelques belles sculptures et quelques détails curieux au milieu d'une masse d'ornements dont le principal caractère est la richesse et le confortable.

Sur la place de la cathédrale, il y a une station de voitures. Enfin voici de la couleur locale, ce ne sont pas des fiacres vulgaires, comme ceux qui enlaidissent les autres villes de leur affreuse caisse marron. Cela ressemble à des voitures de paysans, plus la légèreté et les ornements coquets; c'est une petite charrette dont la couverture ronde avance un peu aux deux bouts et qui est à l'intérieur couverte d'une étoffe rouge, avec des rideaux rouges devant et derrière. Naturellement quelques pompons sautillent au cou du cheval ou du mulet. Au moins, cet attelage brillant lancé au trot s'harmonise avec les routes blanches et les verdures éclatantes de ce pays de la lumière, tandis que les calèches et les fiacres sombres y font bien triste figure.

A défaut de monuments anciens, Murcie possède quelques édifices modernes, — un palais épiscopal, devant la cathédrale, et du même style, — un théâtre, brûlé l'hiver dernier, sur une grande place, plantée de grands orangers, sous lesquels se tient un marché très animé et très coloré, — et enfin, sur le grand quai du Segura, des édifices importants sans doute, mais peu réjouissants pour la vue, un hôpital et une prison.

A l'hôpital quelques malades nous demandèrent des cigarettes par les fenêtres et tout près de la prison nous fûmes témoins d'un drame, nous vîmes couler le sang.

Les malfaiteurs enfermés dans le carcel doivent être des gens d'importance, à en juger par les précautions que l'on prend pour les empêcher de s'offrir la clef de la montagne. Aux quatre angles du monument, car la prison est monumentale et encore on est en train de l'agrandir, quatre gendarmes veillaient en faction au milieu de la rue. Sous la porte d'entrée, d'autres gendarmes dormaient sur un lit de camp. Nous étions en train de les admirer quand tout à coup le gendarme de gauche poussa un cri d'appel, aussitôt quatre hommes sautèrent sur leurs carabines et partirent dans la direction indiquée par le factionnaire, — et nous derrière eux.

Dans une petite rue derrière la prison, un rassemblement, surtout féminin, s'était formé ; on criait, on s'interpellait, une femme pleurait, une autre, la plus calme de toutes, expliquait l'affaire au premier gendarme arrivé, en essuyant avec la main du sang coulant de sa figure. Elle avait reçu d'une autre femme un coup de couteau au-dessus de l'oreille. Mais où était la criminelle ?

Au bout de cinq minutes, le premier gendarme revint escortant la coupable. Elle était allée chez elle mettre ses vêtements des dimanches et son beau châle orange, et suivait le gendarme vers la prison en faisant force signes de croix.

Les gendarmes du poste interpellèrent leur camarade de loin.

— Qu'était-ce ?

— Oh ! nada, una mujer !

— Oh ! rien, une femme !

Et nous suivîmes le quai jusqu'à la campagne. Sur la rive opposée, haute et sablonneuse, de jeunes gitanos se baignaient. Ils se laissaient rouler le long de la pente en soulevant des nuages de poussière, trouvant ainsi le moyen de prendre deux bains, un de poudre blanche et un de rivière.

Comme pendant à ce quai, sur la même rive, mais de l'autre côté du pont, se trouve une promenade en terrasse qui sert de digue au Segura. Il est inutile de dire qu'elle n'est fréquentée qu'aux heures où la fraîcheur reparaît ; dans le jour elle est abandonnée aux petites gitanas du quartier voisin qui viennent y braver l'ardeur du soleil, et aux étrangers qui se désennuient en contemplant les palmiers des jardins en contre-bas et ceux de la campagne de l'autre côté de la rivière.

Entrée de la ville d'Orihuela par la route de Murcie.

Sous les cactus. — Route d'Orihuela.

CHAPITRE QUINZIÈME

ORIHUELA.

La route d'Alicante. — Orihuela et ses palmiers. — La Retraite de Murcie.

Si nous écrivions un roman d'aventures, nous commencerions ici une longue suite de chapitres du plus puissant intérêt dramatique, ornés de sommaires empoignants à peu près comme il suit :

Chapitre XV. — Comment, au lieu de prendre le chemin de fer, *l'un* et *l'autre*, poussés par la fatalité, partirent en diligence pour Alicante et n'y arrivèrent jamais.

Chapitre XVI. — De quelle façon *l'autre*, amateur modéré de couleur locale, poussa la consommation effrénée de cette couleur locale jusqu'à s'offrir une insolation quasi foudroyante sur la route.

Chapitre XVII. — Comment *l'un*, soupçonné d'avoir occis ou à peu près l'infortuné *autre*, fut arrêté par la gendarmerie pendant un quart d'heure et manqua d'aller finir ses jours au bagne de Ceuta.

Chapitre XVIII. — Aventures médicales et pharmaceutiques entre Murcie et Orihuela. — De quelle étrange manière *l'un* soigna l'infortuné *autre*, et comment il mérita encore une fois ce verdict prononcé depuis longue date par sa famille : Bon garçon, mais mauvais garde-malade.

Chapitre XIX et dernier. — Retraite de Murcie pour faire pendant à celle de Russie. — Comment, nonobstant, *l'un* rapporta *l'autre* de Murcie à Paris, en manquant de l'achever une demi-douzaine de fois seulement.

Drame échevelé, série de noires aventures se déroulant à travers la campagne, dans la montagne et dans les villes ! Périls sans nombre, à pied, à cheval, en voiture, en chemin de fer, empoisonnements, asphyxies, vésicatoires, faim, soif, fatigue, etc., etc., avec costumes et décors analogues au sujet. Mais n'anticipons pas sur les événements.

Ce qu'il y a de plus beau à Murcie étant les environs de la ville, — la célèbre campagne ou *huerta de Murcie*, — c'est avec une joie sans mélange que, au lieu de partir pour Alicante par le chemin de fer, douze heures de trajet à cause du détour et de l'arrêt à la bifurcation, nous prîmes la diligence d'Alicante qui devait nous y conduire en sept heures à travers les paysages les plus africains, par Orihuela et Elche, la ville aux 50,000 palmiers.

Les diligences partent de la place Cadenas ou des Chaînes, une des plus pittoresques de la ville, située derrière la cathédrale. Cette place tire son nom d'une grosse tour de l'église, commencée pour faire un second clocher et arrêtée à moitié chemin, tour dont le principal ornement est une énorme chaîne sculptée dans la pierre anneau par anneau, qui ceint la tour à une certaine hauteur. Quelle est là signification, le sens symbolique de ce bizarre ornement, nous l'ignorons; mais il est permis de supposer que ces chaînes sont une allusion à la longue domination des Maures sur le royaume de Murcie; et cela d'autant mieux qu'à Saint-Jean des Rois, à Tolède, il existe la même décoration, avec des chaînes réelles de prisonniers; dans tous les cas cela fait très bien et cela relève l'architecture un peu froide de la tour. La place est d'autant plus pittoresque qu'une assemblée très nombreuse de mendiants de tout âge et de tout sexe tient ses assises autour de la diligence et que, de la petite rue aboutissant à la place, débouche incessamment un flot de paysans et de paysannes de la huerta, arrivant pour le marché. Cette fois, la façon dont les mendiants se drapent dans leurs manteaux nous paraît presque arabe; les mendiants du nord s'enveloppent dans leurs capes comme des malandrins du moyen âge, tandis que ceux-ci donnent à leurs manteaux troués des allures de burnous.

Cependant une partie du costume du peuple de Murcie ne manque pas d'un joli cachet moyen âge; c'est la coiffure.

Bon nombre de citadins, ouvriers de la ville ou gitanos des faubourgs, portent une coiffure absolument semblable au chapeau de Louis XI ou à la casquette de Buridan, à bords baissés en visière par devant et relevés par derrière.

Les paysans sont très intéressants. Ils portent le plus pittoresque costume de la péninsule, celui de toute la côte jusqu'à Valence et que l'on appelle plus particulièrement le costume valencien, c'est-à-dire le grand chapeau avec un foulard dessus, la petite veste et la ceinture, et des caleçons blancs flottants semblables à un petit jupon; beaucoup ont les jambes nues, avec des alpargates ou sandales de chanvre.

Les femmes ont conservé les jupes larges d'autrefois; les paysannes arrivant au marché, à pied ou à mulet, en conduisant des ânes chargés et surchargés de paniers de fruits et de légumes, ont des fichus à couleurs flamboyantes sur des corsages qui laissent les bras nus sous une courte manche de dentelles. Toutes ont des dentelles et pas de bas, ainsi d'ailleurs que beaucoup de Murciennes. Cela n'est pas vilain et nous dirons même que ces pieds d'Andalouses, chaussés seulement d'une sandale retenue par des bandelettes sur le cou-de-pied, ont une certaine élégance d'une allure antique.

Enfin la diligence s'ébranle et nous gagnons la campagne par un long faubourg, au milieu d'une file ininterrompue de campagnards. La teinte grise des maisons de la vieille rue diminue, diminue et se transforme bientôt en blanc pur; par-dessus les murs blanchis à la chaux, de hauts palmiers s'élancent dans un impitoyable azur, les maisons deviennent de simples carrés blancs sans étage, percés simplement d'une porte et

de deux fenêtres sur la façade ; les aloès, les cactus se mul-
tiplient et nous voici dans la huerta coupée de ses petits canaux
d'irrigation.

Devant nous s'étend la route aussi blanche que les murailles
passées au lait de chaux ; pour reposer nos yeux, nous tenons
la tête toujours tournée de côté, le regard fixé sur les bouquets
de verdure qui défilent à droite et à gauche.

La plaine florissante qui forme autour de Murcie une ceinture de verdure n'a pas de ce côté plus de deux lieues de
largeur. Mais quelle richesse, quelle exubérance la nature
déploie-t-elle sur ce coin privilégié. De magnifiques plantations d'oliviers, d'orangers, de citronniers, de grenadiers
couvrent le sol à perte de vue, dominés çà et là par des bouquets
de palmiers jaillissant comme des fusées. Le sol est comme
divisé en compartiments réguliers, par des canaux d'irrigation,
lesquels, chaque jour, à une certaine heure, portent dans les
champs le mince filet d'eau qui suffit pour faire jaillir du sol
des moissons plantureuses. C'est une véritable oasis, une oasis
luxuriante qui rafraîchit l'esprit après tant de kilomètres d'un
pays où les plaines sont rôties, les montagnes brûlées et où les
villages très rares ont l'air d'avoir passé par la friture.

Sous les arbres les petites maisons des labradores de la huerta
semblent de simples cases. Rien de plus africain ; c'est au milieu d'un massif de cactus plus hauts que le toit en terrasse,
un carré blanc sur lequel quelques palmiers secouent leur
éventail, et parfois, un petit four à côté, rond et semblable à
une hutte. De temps en temps, des enfants presque nus, bronzés
comme des Arabes, ou quelque paysanne robuste et hâlée,

sortent du fourré de cactus pour voir passer la diligence. Dans un trou pratiqué dans le talus de la route, un simple terrier fermé d'un semblant de porte, un vieil aveugle est assis avec une petite fille qu'il envoie courir après la diligence. Les malheureux vivant dans ce terrier nous rappellent, moins la teinte poétique, un tableau du peintre slave Zvérina représentant un aveugle dalmate sur le bord d'une route. Il y a beaucoup d'aveugles en Espagne, partout on rencontre de pauvres gens à qui le soleil et la terrible blancheur ont brûlé les yeux.

Les cantonniers, les péones camineros n'ont plus de carabines ici, nous ne sommes plus dans les montagnes de Jaen. Ils ont un simple sabre; chauffés par le soleil, ils ont mis veste bas, retiré leurs sandales et travaillent en manches de chemise avec le briquet à la ceinture.

Mais voici bientôt les premières ondulations de la montagne aride et brûlée limitant la fertile huerta, la route passe au pied d'une haute colline rocailleuse nommée Monte-Agudo, portant un gros village, étagé sur ses rochers, et couronnée par les ruines colossales et bien déchiquetées d'une vieille forteresse.

Les mûriers et les oliviers persistent encore, mais bientôt le sol devient tout roc et la végétation n'est plus représentée que par les cactus et les aloès gigantesques, hérissant les escarpements de mille pointes menaçantes.

Le premier relais est Santomera, village bâti sur la dernière limite de la plaine entre la huerta de Murcie et la huerta d'Orihuela. C'est ici que les infortunes commencent ; *l'autre* descend de la diligence, fait quelques pas sur la route et tout à coup tombe en arrière sans pousser un cri. Sa tête frappe sur

la pierre de la porte du relais et il reste étendu sans mouvement.

Alors ce fut un vilain quart d'heure à passer, un quart
d'heure est bien le mot, car le drame ne dura pas moins de
quinze minutes. Le malheureux était tombé la tête en arrière
avec un bruit sourd sur la dalle de pierre rouge, on l'avait

Un balcon.

relevé, on l'avait placé sur une chaise et alors les uns lui jetaient
de l'eau à la figure, les autres lui tapaient dans les mains, une
femme lui fourrait du camphre dans le nez, tandis que les
autres femmes jouaient de l'éventail autour de lui. Ce n'était
que cris et lamentations; d'aucuns criaient : il est mort; d'aucuns : il va mourir; on s'envoyait mutuellement chercher les

curés et les médecins. A tous ces cris et à tous ces soins, il ne répondait que par des râles lamentables. Au bout d'une douzaine de minutes, il rouvrit les yeux, s'imaginant n'avoir eu qu'un étourdissement de quelques secondes ; il ne fallait pas songer à se remettre en route, on déchargea les valises et la diligence repartit au grand trot. Dans leur malheur, les voyageurs avaient une heureuse chance, ils étaient tombés dans un village peuplé de bonnes et braves gens, et dans un pays riche, ce qui n'est pas chose commune en Espagne. Les soins les plus dévoués et les plus délicats furent prodigués au malade. Vite on alla chercher le matelas de l'une, l'oreiller de l'autre, on fit un lit par terre, on boucha toutes les fenêtres et le malade eut bientôt repris des forces, grâce à cette fraîcheur et à cette obscurité.

Depuis, le malheur s'est abattu sur ce pays, le Segura et quelques petits rios, sans importance ordinairement, ont ravagé la splendide huerta, mais nous nous plaisons à espérer que les habitants de Santomera, si aimables et si complaisants, auront été épargnés par le fléau. Par son heureuse situation au pied des premiers escarpements de la Sierra de Orihuela, le village a probablement moins souffert et dans tous les cas ses habitants ont dû pouvoir se réfugier sur les rochers.

Lorsque nous y étions, le pays souffrait de la sécheresse, on n'avait pas eu une goutte d'eau depuis de longs mois et la chaleur était violente. L'eau étant rare, chaque maison en a toujours une provision pour les mois trop secs ; dans la salle à manger-cuisine de la maison où nous fûmes recueillis, se trouvaient trois immenses jarres semblables à celles dans lesquelles les voleurs d'Alibaba s'étaient cachés, et contenant une provision d'eau pour trois mois.

Au dehors le soleil torréfiait la rue ; dès que l'on soulevait le rideau fermant la porte, une bouffée de chaleur vous sautait au visage et le blanc des murs et du chemin brûlait les yeux. Aussi, malgré tout son désir d'aller dessiner les nopals et les palmiers dans la plaine, pendant que le pauvre *autre* se remettait de sa secousse, *l'un* fut obligé de rester à l'ombre, et pour employer ses loisirs forcés commença les portraits, peu ressemblants, hélas ! des bienveillantes señoras et señoritas et du chat de la maison.

Vers la fin de l'après-midi, *l'autre* ayant repris ses esprits et le soleil étant moins chaud, nous jugeâmes que le moment était venu de remercier le excellentes personnes qui nous avaient donné l'hospitalité, et de nous remettre en route ; on nous trouva une voiture de paysan attelée d'un mulet, on étendit un matelas dans la voiture pour le malade et nous partîmes pour Elche, après de bonnes poignées de mains avec la gendarmerie, et un échange de bons souhaits et de remercîments avec nos braves amis.

Vain espoir. Il était écrit que nous ne verrions pas Elche ; la mule ne marchait qu'au pas et la voiture secouait un peu trop fortement le malade, ce qui fit qu'après deux petites lieues faites en deux heures, nous décidâmes que nous n'irions pas jusqu'à Elche et que nous nous arrêterions à Orihuela que nous apercevions à quelque distance.

Orihuela est une ville assez importante de vingt-cinq mille habitants, assise comme Murcie au milieu d'une campagne d'une fertilité inouïe, arrosée par le Segura. Son aspect lorsqu'on arrive par la route de Murcie est des plus pittoresques.

Pour premiers plans des jardins fermés de grands murs blancs, débordant de verdure et dressant comme des panaches des groupes de palmiers de toute taille, les uns en éventail et les autres avec leurs palmes serrées en botte pour la consolidation. La route un peu plus élevée que la plaine tourne entre les murs ; entre les tiges des palmiers brillent quelques maisons blanches éparses dans la verdure, au pied des rocs rougis et brûlés de la montagne.

La ville étend sur la droite, dans la plaine, ses centaines de maisons blanches et jaunes à terrasses, jetées avec une belle irrégularité parmi les masses vertes. Trois clochers et d'autres bouquets de palmiers se dressent au-dessus des terrasses et se détachent sur un fond de montagnes rocheuses tout à fait dénudées entre lesquelles passe le Segura pour aller se jeter dans la Méditerranée à quelques lieues d'Orihuela.

Au bord de la route, à un quart d'heure de la ville, se trouve une fontaine à laquelle tout un quartier d'Orihuela vient s'alimenter ; il y a grande affluence, plusieurs centaines de jarres amenées sur des voitures à bras attendent leur tour.

La route en tournant découvre à chaque minute de nouveaux aspects ; tantôt ce sont de vieilles fortifications encore occupées par des troupes, à deux cents mètres sur la montagne ; tantôt un ancien séminaire, et tantôt des groupes de maisons d'apparence absolument marocaine. Enfin, après une petite place dont les terrasses irrégulières se découpent pittoresquement sur le ciel, nous tombons dans la grande rue de la ville

à la porte d'une *fonda*. Et pendant que *l'autre* cherche un repos
bien nécessaire, *l'un* s'en va promener sa mélancolie à travers
la ville.

Partout, maisons à terrasses et balcons sur lesquelles la population prend le frais. Il n'y a pas d'édifices, sauf une cathédrale à tour gothique et deux autres églises, mais les rues ne
manquent pas de caractère avec les façades peintes, les toiles

Les bouquets de Murcie.

contre le soleil, les terrasses et les balcons ornés des palmes
sèches de l'année dernière. Du balcon de notre hôtel nous
jouissons d'une vue de terrasses tout à fait orientale. Cependant
faut-il le dire ? voici qu'à la nuit, au lieu de bruits de guitare,
des sons d'orgue de Barbarie se font entendre ; voilà qui n'est
guère couleur locale, un orgue au fond de l'Espagne, dans un
pays que des kilomètres de montagnes devraient mettre à l'abri
de ces lamentables inventions modernes ! Cependant l'orgue de
barbarie fait beaucoup d'effet à Orihuela, car un certain nombre

de citadins sont massés devant la maison d'où partent ces bruits insolites.

Ici commencent les mésaventures pharmaceutiques ; le malade, très abattu, s'était à peine mis dans son lit qu'il fut pris d'un engourdissement indomptable.

Voyant que la congestion recommençait, il eut encore l'énergie de demander à son camarade d'aller chercher des sinapismes, le camarade revint avec deux grands emplâtres noirs que l'*autre* s'appliqua sur les jambes, machinalement, puis il tomba dans une torpeur profonde. Alors un drame tragi-comique se passa. L'*un* étant reparti pour ses explorations, en attendant qu'on lui préparât quelque chose à manger, se vit aborder par un gendarme ; il comprit tant bien que mal qu'on lui demandait ses papiers et les montra. Le gendarme d'abord aimable, se ravisa tout à coup et voulut voir aussi le moribond et les papiers du moribond.

Ce fut encore un moment désagréable à passer pour l'*un* qui ne comprenait pas bien clairement les questions qu'on lui posait, mais il en fut quitte pour la peur. Il n'eût pas été très drôle d'être arrêté ne fut-ce que pendant quelques heures, en laissant un compagnon dans une situation pareille.

Enfin la nuit vint ; vers quatre heures du matin le malade qui n'avait pas bougé plus qu'un cadavre, poussa des cris de feu. Les deux emplâtres avaient mis huit heures à faire leur effet, mais l'effet était énergique. Le pharmacien par bonheur avait donné une paire d'énormes vésicatoires au lieu des sinapismes demandés, et cette erreur avait produit un excellent résultat.

Il était inutile de s'obstiner plus longtemps, continuer la

route était impossible, l'infortuné *autre* étant absolument éclopé ; il fut donc décidé que l'on regagnerait Murcie pour reprendre le train de Madrid. Le chemin de fer allant à Carthagène passe à quelques kilomètres d'Orihuela, mais le chemin de la station qui dessert la huerta de cette ville est si mauvais, qu'il est plus simple et plus facile, paraît il, de faire 5 lieues et d'aller à Murcie. Nous frétons donc une bonne voiture et, renonçant définitivement à Elche et Alicante, nous reprenons la route, faite la veille.

Hélas, il faut dire adieu au pays des oranges, à son soleil et à ses palmiers. Après un repos de quelques heures à Murcie, nous nous dirigeons sur la gare, par la route poudrée à blanc.

Une spécialité de Murcie qui avait déjà flatté très agréablement nos yeux et notre odorat en arrivant est la fabrication d'immenses bouquets de ces fleurs splendides qui remplissent les jardins. Ces bouquets sont construits, — car ils sont des constructions, — en forme de pyramide sur une tige de bois de soixante-quinze centimètres de hauteur, terminée par une grosse fleur de magnolia. On les vend à la gare aux voyageurs désireux de rapporter des souvenirs de la terre des fleurs.

Un monsieur de notre compartiment pousse la galanterie jusqu'à offrir à sa dame trois de ces bouquets superbes et monstrueux, plus une dizaine de fleurs de magnolia et un paquet d'herbes odoriférantes. Le wagon devient ainsi un jardin ou plutôt un sachet de parfums ; cela est très agréable pendant un instant, mais quand on a en perspective un tête-à-tête d'un jour et d'une nuit avec ces gigantesques bouquets, la chose perd un peu de son agrément.

Trop de fleurs ! trop de fleurs ! Au bout de quelques heures l'atmosphère du wagon n'est plus supportable, un petit mal de tête se déclare et peu à peu se transforme en migraine violente. Et *l'autre*, le pauvre malade, qui voyage couché, est trop éclopé pour chercher un autre compartiment.

Si nous assassinions le señor et la señora trop fleuris pour jeter ensuite les fleurs par la fenêtre ? Justement, à Albacète, un pugnalero vient nous offrir des produits de la fabrication locale, des navajas et des pugnals acérés. Mais non ! il ne faut pas commettre de crimes à l'étranger. Repoussons les offres du marchand de poignards, et mourons s'il le faut !

Enfin à la nuit, profitant d'un arrêt, nous découvrons un compartiment libre, et nous quittons aux trois quarts asphyxiés l'atmosphère embaumée de la charmante señora.

En arrivant à Madrid le lendemain matin, *l'un*, mauvais garde-malade décidément, quitta encore son ami pour aller jeter un coup d'œil dans le compartiment fleuri, avec l'infernale espérance de trouver le señor et la señora tout à fait inanimés. Son espoir fut trompé, le monsieur et la dame n'avaient contracté, dans la fréquentation de leurs bouquets, qu'un fort mal de tête, punition absolument insuffisante.

Trois jours après, nous rentrions à Paris.

TABLE DES CHAPITRES

FIN DE LA TABLE DES CHAPITRES.

TABLE DES DESSINS

7982-79. — CORBEIL. TYP. ET STÉR. DE CRÉTÉ.

7982-79. — CORBEIL. Typ. et stér. CRÉTÉ.

9 782019 954307